KB245953

직장 멘토링 다이아몬드 인재개발법

직장 멘토링 다이아몬드 인재개발법

류재석 지음

이담 Books

머리말

　이 책은 조직에 적용하는 멘토링 인재개발 프로그램으로 한 사람을 다이아몬드 보석처럼 귀하게 여기고 차세대 리더로 세우는 것을 목적으로 한다. 조직개발 제도적 멘토링에서 개인의 목표는 인간가치를 높이는 것이고 조직의 목표는 인재경쟁력을 확보하여 생산성 효과를 얻는 것이다.

　이 책에서 멘토링 다이아몬드 4단계 개발 방법은 신입인재를 Dia 관계개발, 일반인재를 Dia 경력개발, 관리인재 Dia 성과개발, 그리고 최종으로 리더인재에게 Dia 조직개발 프로그램을 적용하여 먼저 상사의 생산성과 멘토의 인간성으로 협력경영을 이루고 구성원 개인 만족감으로 인재경쟁력을 통한 조직의 성과개발에 기여하고자 하는 내용을 담았다.

 # 다이아몬드 인재개발법 서문(Preface)

1. 멘토링 인재개발의 목적

조직에서 인재개발의 목적을 어디에 두어야 할 것인가? 이는 무엇 때문에 과학적으로 인재개발을 해야 하며 그 기준을 어디에 두고 행하여야 하는가와 직결된다. 우리는 인재개발의 목적을 쉽게 인적자원(Human Resource)의 가치화에 있다고 본다. 그러나 인적자원의 가치화는 경영의 성과와는 다른 한편인 구성원의 개인 만족성을 동시에 기할 수 있도록 해야 한다. 기업의 인적자원은 다른 자원과 달리 그의 관리에 있어서 경제적인 측면의 효율성(생산성=Productivity)과 인간적인 측면(인간성=Humanity) 만족성의 두 가지 목적이 동시에 달성되도록, 특히 유의하여야 한다.

2. 멘토링의 영향력

1) 멘토링은 둘이서 하나 되어 한마음으로 오늘의 행복과 내일의 희망을 만드는 유기적 한마음 공동체 시스템이다.
2) 멘토링은 멘토가 한 사람(A Person)을 전인적인 프로그램으로 한 리더(A Leader)로 세우는 차세대 리더개발 프로그램이다.
3) 멘토링은 경영현장에서 인간성 바탕 위에 생산성 효과를 얻고자 하는 균형경영 프로그램이다.
4) 멘토링은 각기 조직에서 CEO는 양적 인재개발, 멘토는 질적 인재개발로, 노사협력 프로그램이다.

5) 멘토링은 조직의 인재를 신입직원, 일반직원, 관리직원, 리더직원 등 4단계
로 개발하는(M-DTD) 인재경쟁력 강화 프로그램이다.

3. 다이아몬드 인재개발법(M-DTD-4S)

다이아몬드 인재개발 멘토링의 목적은 한 사람을 다이아몬드처럼 귀하게 여기
고 차세대 리더로 세우는 것을 목적으로 한다. 조직개발 제도적 멘토링에서 개인
의 목표는 인간가치를 높이는 것이고 조직의 목표는 인재경쟁력을 확보하여 생산
성 효과를 얻는 것이다.

조직개발(System Mentoring)에 적용하는 경우에는 현재의 조직구성원을 신입단
계에 적용할 사람, 일반단계에 적용할 사람, 관리단계에 적용할 사람, 리더단계에
적용할 사람으로 구분해서 멘토와 멘제로 선발하여 12개월 등 멘토링 활동을 추
진하는 것을 말한다.

다이아몬드 인재개발법이 경영현장에서 멘토링을 통하여 개인 가치개발과 조
직의 생산성 효과에 보탬이 될 수 있는 자료로 활용될 수 있기를 기대한다.

 # 다이아몬드 인재개발 소개(Introduction)

1. 멘토링 코리아 다이아몬드 LOGO 상징

 멘토링 코리아의 로고는 다이아몬드(Diamond) 바탕 위에 4단계(Step)로 인재개발을 상징한다. 특히 한 사람의 인재(A Person)를 다이아몬드처럼 그 가치(Value)를 왕자(王子)와 같이 귀(貴)하게 여긴다는 뜻을 포함하고 있다.

2. 다이아몬드 인재개발법 인용자료

1) 윌리엄 그레이 교수(William Gray, 브리티시컬럼비아 대학교)의 실행 6단계와 재생산 5단계(1978~1981) 발표한 New Mentoring 프로그램에서 인용했다.

2) 맥신 돌턴(Maxine Dalton)의 경력개발 4단계 프로그램을 Dia 일반 인재개발에서 인용했다.

3) 삼성경제연구소 서형택 연구원의 "신입사원 조기 정착을 위한 스마트 스타트(S.T.A.R.T)"라는 기고문(www.Seri.org, 2011.11.24)을 신입 인재개발에 인용했다.

4) 류재석 저서 『경영 그리고 멘토링』에서 관리인재(팀장)의 성과개발 4단계와 CEO 임원의 조직개발 4단계에 인용했다.

5) 류재석 저서 『희망 PLUS 멘토 열풍』에서 멘토링 시스템 운영실무인 인재개발 4-과정(Process) 10-Point의 프로그램을 인용했다.

3. 다이아몬드 멘토링 인재개발법(M–DTD–4S) 적용 설명

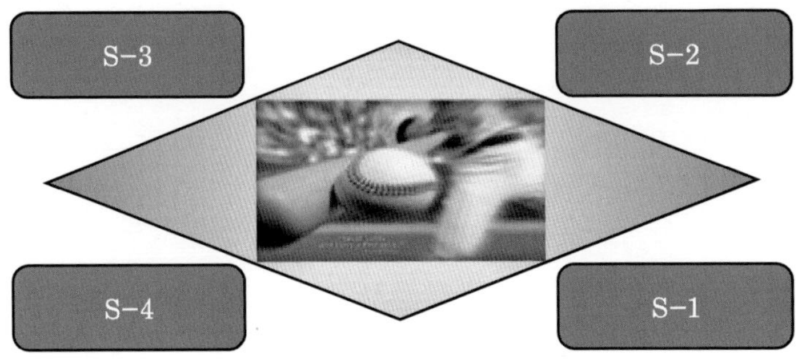

1) 용어 설명

M: Mentoring(멘토링)

D: Diamond 야구장 베이스 능형(마름모) 의미 S-1 S-2 S-3

T: Talent(인재), Talentism(인재주의)L: Leadership(리더십)

D: Development(개발)

S: 4Step(단계), 4Style(방식, 방법)

P: 4Process(과정)

2) 멘토링 다이몬드 인재개발법은 야구의 베이스 Step 1루 주자가 2루, 3루 그
   리고 최종 4루인 홈인(Home In)으로 성공하는 주자를 의미한다.

3) 조직에서 이 프로그램을 적용 시 신입직원으로 입사하여 일반정규직으로 진
   급하고 다음 관리인재로 진급하고 최종 리더인재인 임원 CEO로 진급하는
   성공적인 인재개발을 의미한다.

서문 3. Diamond 인재개발법 적용방법

1. 멘토링 활동목적

멘토링은 보통사람 한 사람(A Person)에게 전인적인 인격 프로그램을 적용하여 한 사람의 리더(A Leader)로 세우는 일(Standing Together)을 목적으로 한다.

멘토에 의한 전인적인 인격 프로그램을 적용, 질(質=Quality)적·화학적 변화

2. 멘토링 적용방법

조직에서 상사는 생산성(Produtivity)을, 멘토는 인간성(Humanity)을 강조하여 협력(Collaboration)하고 균형경영을 이룬다. 멘토링 다이아몬드 인재개발법을 적용하여 신입인재 – 일반인재 – 관리인재 – 리더인재를 발전적 4단계로 업그레이드하고 조직의 인재경쟁력을 강화한다.

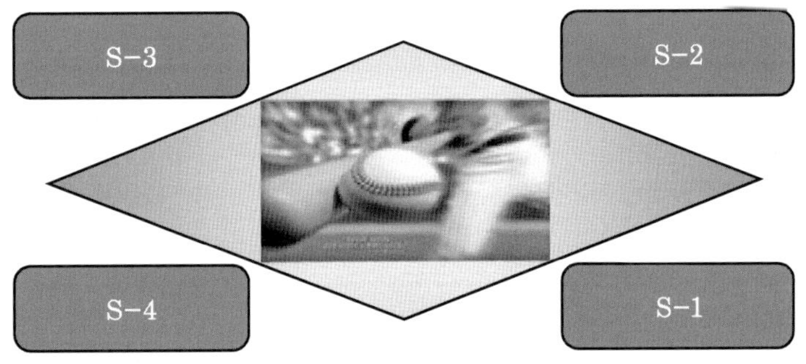

Kind	Title	Target	Purpose
Dia 1	관계개발법	신입직원	Manual 1. 직장 조기정착
Dia 2	경력개발법	일반직원	Manual 2. 업무능력 향상
Dia 3	성과개발법	관리팀장	Manual 3. 관리역량 강화
Dia 4	조직개발법	CEO임원	Manual 4. 핵심역량 강화

3. 멘토링 기대효과

1) 구성원 개인의 만족감과 조직의 효율성을 기대한다.

2) 양(量)·질(質)로 인재개발하여 유기적 조직체를 이룬다.

3) 노사화합으로 한마음 조직문화 공동체를 구축한다.

4) 구성원의 역량 결집으로 인재경쟁력을 확보한다.

5) 좁아진 인격을 넓혀 윤리리더십을 회복한다.

 # 다이아몬드 인재개발법 내용(Contents)

1. 멘토링 시스템 기본이해

멘토링 인재개발법은 한 사람이 신입인재로 입사하여 멘토와 연결되어 일반인재로, 관리인재로, 리더인재로 진급하여 조직에서 성공적인 인재로 인정받는 프로그램이다. 다이아몬드 모형의 인재개발 의미는 야구경기장에서 주자(Runner)가 베이스 1루에서 2루, 3루 최종적으로 4루로 홈인하여 승리의 주자가 되는 것을 의미한다. 이러한 멘토링 프로그램은 멘토와 멘제가 둘이서 하나 되어 개인적으로 만족감과 조직적으로 인재경쟁력을 거두는 데 목적을 두고 있다.

Chaper 1. 멘토링 시스템 이해
Chaper 2. 멘토링 인재개발 개념

2. 멘토링 4단계별 인재개발법

멘토링 다이아몬드 4단계 개발법은 신입인재에 Dia 관계개발, 일반인재에 Dia 경력개발, 관리인재에 Dia 성과개발, 리더인재에 Dia 조직개발 프로그램을 적용하여 먼저 상사의 생산성과 멘토의 인간성으로 협력하여 균형경영을 이루고 구성원 개인 만족감으로 인재경쟁력을 통한 조직개발에 기여하고자 하는 과정이다.

Step 1. 신입인재개발

신입인재개발은 다이아몬드 첫 번째 단계로 신입직원으로 입사, 수습으로 인재

개발과 인재확보(Getting)의 단계로 멘토와 연결되어 "조기정착 멘토링 활동"에 참
여하게 된다. 이 단계에서 멘토는 인성적인 면에서 지원활동으로 인간성(Humanity)
을 챙기고, 상사는 업무적인 면에서 지시활동으로 생산성(Productivity)을 챙기고
CEO는 질적과 양적으로 인재개발을 통하여 조직의 인재경쟁력을 챙기는 3자의
협력(Collaboration)경영이 이루어진다.

Step 2. 일반인재개발

일반인재개발은 다이아몬드 두 번째 단계로 일반정규직원으로 인재개발과 업
무처리 면에서 자기성장(Growing)의 단계로 멘토와 연결되어 "업무능력 향상 멘
토링 활동"에 참여하게 된다. 이 단계에서 멘토는 인성적인 면에서 지원활동으로 인
간성(Humanity)을 챙기고, 상사는 업무적인 면에서 지시활동으로 생산성(Productivity)
을 챙기고 CEO는 질적과 양적으로 인재개발을 통하여 조직의 인재경쟁력을 챙기
는 3자의 협력(Collaboration)경영이 이루어진다.

Step 3. 관리인재개발

관리인재개발은 다이아몬드 세 번째 단계로 관리팀장인 중간지도자로 인재개
발과 관리역량 강화(Managing) 단계로 멘토와 연결되어 "팀장 관리역량 강화 멘
토링 활동"에 참여하게 된다. 이 단계에서 팀장 멘토는 인성적인 면에서 지원활
동으로 인간성(Humanity)을 챙기고, 상사는 업무적인 면에서 지시활동으로 생산
성(Productivity)을 챙기고 CEO는 질적과 양적으로 인재개발을 통하여 조직의 인
재경쟁력을 챙기는 3자의 협력(Collaboration)경영이 이루어진다.

Step 4. 리더인재개발

리더인재개발은 다이아몬드 네 번째 단계로 CEO를 비롯, 임원 및 최고경영자
로 인재개발과 파워리더십(Leadering) 개발의 단계로 사내외 멘토와 연결되어 "핵
심역량강화 멘토링 활동"에 참여하게 된다. 이 단계에서 멘토는 인성적인 면에서
지원활동으로 인간성(Humanity)을 챙기고, 상사는 업무적인 면에서 지시활동으로

생산성(Productivity)을 챙기고 CEO는 질적과 양적으로 인재개발을 통하여 조직의 인재경쟁력을 챙기는 3자의 협력(Collaboration)경영이 이루어진다.

3. 멘토링 시스템 운영매뉴얼

멘토링 다이아몬드 인재개발은 멘토/멘제 등 멘토링에 참여자를 위한 12개월 등 일정기간에 과정(Process) 중심으로 준비과정-교육과정-활동과정-평가과정으로 진행되는 인재개발 시스템이다. 특히 멘토는 활동의 주역으로 전문교육을 통하여 멘토링 활동에 자부심을 갖고 보람의식, 책임의식, 목표의식으로 성공률을 높여 주게 된다. 멘토링 시스템을 체계 있게 운영함으로써 멘토와 조직의 상사 협력경 영으로 인간성 바탕 위에 생산성 효과를 얻을 수 있게 된다.

Chaper 1. 멘토링 인재개발 M-DTD 4-Step
Chaper 2. 멘토링 인재개발 시스템 운영실무
  Process 1. 준비과정 실무
  Process 2. 교육과정 실무
  Process 3. 활동과정 실무
  Process 4. 평가과정 실무

 # 이 책 출간에 감사(Thanks)

멘토링코리아 설립 당시(1998.2.1) Bobb Biehl 박사(美 멘토링전문가)와 William Gray 교수(브리티시컬럼비아 대학교)로부터 전화, 이메일, 책자 등의 귀중한 자료를 제공받은 것에 대하여 두 분에게 진심으로 감사를 드린다.

초창기부터 한국적인 정서에 맞는 올바른 이론 정립과 생산성 확보에 필수적인 실행 프로그램을 개발하는 데 전문연구원으로 동참한 민홍기 박사, 김영회 박사, 최창호 박사, 최명국 박사, 탁충실 위원 그리고 최근 합류한 김순환 박사, 이제빈 박사, 한광훈 박사, 김해영 박사, 조병용 박사, 김동철 박사, 김성일 군목, 조주영 박사, 안만수 박사, 김호정 원장, 전종현 위원, 박화현 위원, 문일상 위원에게 감사를 드린다.

멘토링 자격증을 취득하고 전문업체로 멘토링 보급에 파트너십을 하고 있는 이용철 원장(한국멘토링코칭센터), 나병선 대표(멘토링코리아컨설팅), 홍은경 소장(핸즈코리아), 이영남 대표(SMI KOREA)와 신정범 목사(청소년멘토링원장), 이순길 목사(멘토링교회개발원장) 등 현장에서 멘토링 보급에 앞장서고 있는 70명 멘토링지도사에게 감사를 드린다.

멘토링 불모지 한국에서 정부기관 도입에 앞장선 노동부 정원호 서기관, 농림수산부 신경순 사무관, 지식경제부 김영화 서기관, 행정안전부 이정래 서기관 그리고 교육과학기술부 임용우 팀장, 한국장학재단 이경숙 이사장, 아세아연합신학연구원 공보길 원장께 감사를 드린다.

멘토링은 필자에게 하나님이 25년 만에 기도의 응답으로 주신 선물(Gift)이다. 이에 감사하는 마음으로 멘토링에 열정을 가지고 다이아몬드와 같은 고품질의 프로그램으로 개발하여 1) 하나님께 영광, 2) 조직개발에 기여 그리고 3) 많은 사람에게 유익을 주어(고전 10:31~33) 하나님의 은혜에 보답하고자 한다.

필자의 멘토로서 8년간 필자에게 청교도 삶을 각인시킨(1980~1988) 故 김용기 장로님(가나안농군학교 설립자)과 대를 이어 멘토링 관계를 이어오고 있는 김평일 가나안농군학교 교장께 감사를 드린다.

이번 책은 그동안 필자의 기도 응원군인 서현교회 김경원 목사님과 성도님들 그리고 저자의 에너지 근원이 된 아내 임금자를 포함한 가족 류환, 류현, 한현숙, 류경헌, 류나안, 안성훈, 류지영, 안서연 모두에게 감사를 드린다.

마지막으로 어려운 여건 속에서도 기꺼이 출판을 맡아 수고한 한국학술정보㈜ 강태우 팀장을 비롯한 임직원들께 심심한 감사를 드린다.

2012년 5월 14일

류재석

Part 1

멘토링 시스템의 기본이해

멘토링 인재개발법은 한 사람이 신입인재로 입사하여 멘토와 연결되어 일반인재, 관리인재, 리더인재로 진급하여 조직에서 성공적인 인재로 인정받는 프로그램이다. 다이아몬드 모형의 인재개발 의미는 야구경기장에서 주자(Runner)가 베이스 1루에서 2루, 3루, 최종적으로 4루로 홈인하여 승리의 주자가 되는 것을 의미한다. 이러한 멘토링 프로그램은 멘토와 멘제가 둘이서 하나 되어 개인적으로 만족감과 조직적으로 인재경쟁력을 거두는 데 목적을 두고 있다.

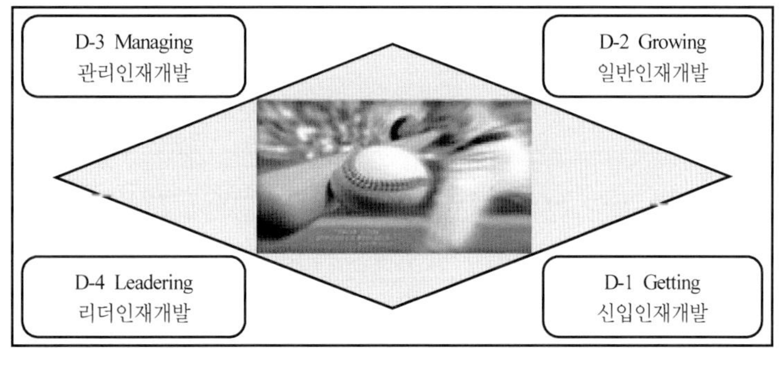

Chapter 1

멘토링 시스템 이해

오늘날 대부분 멘토링을 도입하고 있는 조직에서는 이벤트성 행사로 멘토와 멘제를 매칭해놓고 아무런 조치 없이 방치한 경우, 멘토와 멘제가 서로 대화가 통하지 않는 경우, 심지어는 멘토가 멘제의 업무처리에 방해하는 경우까지 속출하고 있는 실정이다.

이와 같이 많은 조직들이 멘토링을 단순한 미봉책으로 적용하고 있다고 해도 과언이 아니다. 멘토링을 장기적으로 이끌어 가는 데 필요한 조직문화나 내부지원이 결여된 조직이 많다는 것이다.

멘토링 시스템에 관심 있는 조직은 지속적인 연구와 실천을 통해 멘토링 프로그램을 체계적으로 도입하여 개선하고, 잠재적 문제에 대하여 시스템적 사고로 예방책을 강구하여야 한다.

1-1. 멘토링 제도 개요

1. 멘토링 제도 정의

기업, 학교, 대학, 교회, 군대, 공공기관 등 조직체에 체계적인 멘토링 프로그램을 도입하여 운영하는 형태를 말한다. 개인 간에 자연스럽게 연결하여 활동하는 전통적 멘토링을 개인이 아닌 조직구성원에게 적용할 때는 일정한 형식(Format)

이 필요하게 되는데, 준비과정, 도입과정, 활동과정, 평가과정의 4단계 프로세스별 프로그램을 적용하게 되며, 이런 경우에 제도적 멘토링 혹은 멘토링 제도(Mentoring System)라고 부른다.

2. 멘토링 제도 기원

대부분 업체에서조차 전통적인 멘토링의 틀을 크게 벗어나지 못하고 있어 지속적인 프로그램 유지가 되지 않아 교육 이벤트식의 일회성으로 끝나는 예가 허다하다. '제도적 멘토링'의 기원은 1982년 William Gray(브리티시컬럼비아 대학교 교수)에 의하여 개발된 New Mentoring Program에 의한다. 이는 조직에 멘토링을 도입할 때 6단계 프로그램을 적용할 수 있도록 개발한 것이다.

다음의 도표는 브리티시컬럼비아 대학교에 의하여 개발한 체계적인 제도적 멘토링과 비체계적인 전통적 멘토링과의 차이점을 나타낸 것이다. 도표를 통해 알 수 있듯이 두 가지 방식 사이에는 회사의 목표와의 연계성, 멘토링 활동에 대한 통제권, 회사 차원에서 지원, 활동평가 등에 나름의 차이가 있다.

전통적 멘토링과 제도적 멘토링 비교표

내용	전통적 멘토링	제도적 멘토링
멘토링 활동목표 유무	무	유
멘토링 약정기간 유무	무	유
멘토링 교육 프로그램 유무	무, 유	유
멘토, 멘제 연결방법 유무	무	유
멘토링 중 모니터링 유무	무	유
멘토링 중 평가방법 유무	무	유
기타	개인 간의 인재개발	조직에서 인간성과 생산성 향상

3. 멘토링 제도의 목적

조직에서 멘토링 제도를 도입함에 있어 투자(인력투자, 자금투자, 설비투자)에 대한 이에 상응하는 인간성 개발과 인재개발 그리고 생산성 효과를 확보하기 위함이다.

1) 인재개발에 관한 목적

(1) 인간관계 활성화

(2) 중간지도자 개발

(3) 신입사원 조기 정착

(4) 핵심인재 개발 및 이탈 방지

2) 업무개발에 관한 목적

(1) 일반업무능력 향상

(2) 전문지식의 향상

(3) 경력개발 및 자격증 취득

3) 조직개발에 관한 목적

(1) 한마음 조직문화의 구축

(2) 노사 커뮤니케이션의 활성화

(3) 중간관리층의 리더십 강화

4. 멘토링 제도 필요성과 문제점

회사 주도의 제도적 멘토링을 활용하는 가장 큰 이유는 조직 내부에서 자연적으로 멘토링 관계를 형성하기가 어렵기 때문이다. 또한 제도적 멘토링은 전통적 멘토링 활동을 보완해주는 기능도 한다. 예를 들어 사적인 관계를 통해 자연스럽게 이루어지는 전통적 멘토링에서는 멘토와 멘제 간 지리적인 거리가 있거나, 조직이 급속하게 성장할 경우 부서 간에 활발한 커뮤니케이션이 어려워질 수 있다. 이때 제도적 멘토링을 활용하여 회사가 멘토와 멘제를 인위적으로 연결할 경우 이러한 문제를 효과적으로 해결할 수 있다.

반면 제도적 멘토링에서는 조직이 직접 멘토링 과정을 세세히 관리 평가해야 하기 때문에 상당한 시간, 비용, 관리노력 등이 소요된다는 단점이 있다. 또 멘토

와 멘제를 회사가 인위적으로 선정한다는 점에서 항상 최적의 연결을 기대할 수
만은 없다.

1-2. 멘토링 제도 효과성

해가 갈수록 인재 육성에 대한 조직들의 관심이 더욱 가속화되고 있다. 구성원
들의 실력을 높이고, 잠재역량을 개발하기 위해서는 실제 일을 통한 학습이 무엇
보다 중요하다. 이러한 일을 통한 학습방법에는 여러 가지가 있겠으나, 그중 하나
가 바로 멘토링 제도(Mentoring Program)이다.

멘토링은 조직에 대한 경험과 업무 노하우를 갖고 있는 리더십을 갖춘 선배사
원이 직접 후배사원들을 지도하고 조언해주는 것으로서, 일상 업무현장 속에서
상호작용을 통해 1:1로 이루어진다는 면에서 그 효과가 탁월하다 하겠다.

이러한 중요성을 반영하여 최근 멘토링 제도가 신입사원 조직전력화 일환, 업
무능률 향상, 경력개발, 핵심인재 개발 등 조직들 사이에 확산되고 있는 추세이다.

'후견인, 벗바리, 빅브라더, 가디언' 등 조직마다 사용하는 명칭은 다르나, 그
근본목적은 선배사원들의 적절한 조언과 코치를 통해 후배사원들의 조직 및 업무
에 대한 신속한 적응을 촉진하는 데 있다.

이처럼 현장학습의 주요 수단으로서 그 중요성이 증가하고 있는 멘토링 제도
의 기대효과에 대해 살펴보자.

1. 조직 차원

첫째, 인간성 바탕 위에 지식 등 노하우 이전이다. 멘토링은 멘토의 인간성을
바탕으로 멘토의 머릿속에 가지고 있는 지식, 기술, 정보 등을 멘제에게
이전시켜 줌으로써 특정 사람이 회사를 떠나더라도 조직 내에 중요한 노
하우를 남겨두는 효과가 있다.

특히, 업무현장에서 1:1로 직접 상호작용하면서 실시간으로 업무 관련 지

식과 노하우를 전달해주기 때문에 강의실을 중심으로 한 일반 교육훈련
보다 비용도 적게 들고 학습효과도 더욱 크다는 이점이 있다. 이러한 멘
토링의 노하우 이전 효과는 직무순환이나 인력이동이 잦은 기업에 큰 도
움을 줄 수 있을 것이다.

둘째, 회사의 핵심가치나 한마음 조직문화를 강화·유지하는 데 기여할 수 있
다. 멘토링은 공통의 문화적 가치나 조직이 기대하는 바를 구성원들의 마
음속에 심어 줌으로써 한마음 공동체 의식과 조직에 대한 몰입을 강화시
키는 효과가 있다. 이러한 멘토링 기능은 구조조정이나 다운사이징 등과
같이 조직의 가치나 문화가 흔들리기 쉬운 급격한 조직변화 시기에 유용
하게 활용될 수 있을 것이다.

셋째, 전인적 인격 프로그램에 의한 인재개발이다. 멘토링의 가장 중요한 기능 중
의 하나로서 먼저 인간관계를 활성화하여 인성개발과 다음으로 업무에 필
요한 기술과 역량을 습득하도록 유도함으로써 핵심인력이나 리더를 개발할
수 있다. 선진기업들의 경우 멘토링을 인재개발 프로그램과 전략적으로 연
계하여 활용하고 있다.

예컨대 Delta AirLines사나 Union Pacific사는 임원 포지션을 담당한 후계자를
개발하기 위해, 약 18개월 동안 집중적으로 멘토링 프로그램을 활용하고 있다.
Hewlett Packard사도 중간관리자 개발을 위해 멘토링을 활용하고 있다. 입사 5~7
년 정도의 구성원을 대상으로 상사의 추천에 의해 멘제를 선발하며, 이렇게 선발
된 멘제들은 약 7일간 리더십 교육을 수료하게 하며, 그 결과 개선이 필요한 2~3
개의 역량에 대해 정해진 멘토에 의해 집중적으로 멘토링을 받게 된다.

이처럼 인재개발 기능으로서 멘토링이 제대로 이루어질 경우, 우수 인재의 유
지에도 많은 도움을 줄 수 있다. 예컨대 CLC(Corporate Leadership Council)가 1999
년『포춘』500대 기업 중 60개 기업을 대상으로 조사한 결과에 의하면, 멘토링을
받은 사람과 받지 않은 사람의 이직 의도는 각각 16%와 35%로 2배 정도의 차이
가 있었다고 한다.

넷째, 멘토링은 외부 우수 인력의 유치에도 긍정적인 영향을 줄 수 있다. 구성원들의 실력과 시장 가치를 높여 주는 조직은 외부의 우수 인력을 유인하는 데 보다 수월하기 때문이다. 한 예로 Union Pacific사는 멘토링 프로그램의 성공적 운영을 통해 대학 리쿠르팅에서 경쟁사보다 우수 인력 확보에 있어서 우위를 점할 수 있었다고 한다.

2. 개인 차원

멘토링 제도는 멘토와 멘제 개인차원에서도 도움을 준다. 우선 신입사원이 회사생활에 신속히 적응하는 데 도움을 줄 수 있다. 상사나 동료와의 관계 등과 같은 전반적인 회사생활이나 담당업무에 대해 상시적으로 조언을 얻고 대응함으로써 자신감 있는 조직생활이 가능하다는 것이다.

또한 멘토링은 멘제의 능력개발을 가속화시켜 경력개발 및 멘제의 시장가치를 높여 줄 수 있다. 업무수행 과정에서 멘토와 직접적으로 상호작용하면서 관련 노하우와 테크닉을 보다 빨리 습득하여 단기간에 업무능력을 향상시킬 수 있다. 이를 통해 회사에서 높은 성과를 발휘할 수 있으며, 승진이나 높은 보상을 받는 등의 이점을 누릴 수 있다.

한편 멘토링은 멘토에게도 많은 이점을 줄 수 있다. 가장 대표적인 것이 새로운 노하우와 다양한 관점에 대한 이해와 학습이다. 신입사원을 지도하면서, 조직 내에서는 접하기 힘들었던 새로운 노하우를 배울 수 있으며, 젊은 세대의 가치관이나 관점에 대해 이해할 수 있는 계기도 된다. 또한 구성원들을 지도·조언하면서 대인관계 기술이나 리더십 역량도 향상시키는 효과도 얻을 수 있다.

오늘날 대부분 멘토링을 도입하고 있는 조직에서는 이벤트성 행사로 멘토와 멘제를 매칭해놓고 아무런 조치 없이 방치한 경우, 멘토와 멘제가 서로 대화가 통하지 않아 심지어는 멘토가 멘제의 업무처리에 방해하는 경우까지 속출하고 있는 실정이다.

이와 같이 많은 조직들이 멘토링을 단순한 미봉책으로 적용하고 있다고 해도 과언이 아니다. 멘토링을 장기적으로 이끌어 가는 데 필요한 조직문화나 내부지원이 결여된 조직이 많다는 것이다. 멘토링 시스템에 관심 있는 조직은 지속적인 연구와 실천을 통해 멘토링 프로그램을 체계적으로 도입하고 개선하고 잠재적 문제에 대하여 시스템적 사고로 예방책을 강구하여야 한다.

1-3. 멘토링 제도 성공 및 실패 원인 분석

1. 실패 원인 분석

멘토링이 국내에서 실패했다는 차원에서 전략적으로 분석해보는 것으로 우선 사회적인 여건 조성의 미흡, 전문가들의 책임문제 그리고 고객인 업체의 실패 원인 제공 등으로 구분해서 정리한 자료이다.

멘토링이 북미지역에서 이미 성공 프로그램으로 인증되었음에도 유독 국내에서 실패한 이유는 상당 부분 사회적인 여건 조성에 미흡한 점을 둘 수 있는데 아래 내용을 요약해서 소개한다.

☞ 실패 원인 요약

1) 정규업무와 멘토링업무를 혼동해서 운영하고 있다.

2) 수평적 멘토/멘제 관계에서 상하급 수직라인의 한계를 극복하지 못하고 있다.

3) 멘토/멘제 간의 비윤리적이고 비도덕적인 과당경쟁 관계를 초래하고 있다.

4) CEO의 무관심과 상급자의 몰이해로 활동이 위축되고 있다.

5) 분명한 목표설정이 아니고 비현실적이고 알쏭달쏭한 목표설정을 하고 있다.

6) 적극적 참여 유도에 실패하고 있다(지리석 한계, 시역 및 부서의 이질싱 등).

7) 지나치게 단기적으로 멘토링 활동기간을 운영함으로써 정서부문이 미흡하다.

8) 회사차원(경영진 인사부서 등)에서 지원이 부족하다.

9) 동료나 주위 사람들의 오해소지가 있다(예를 들면 멘토링을 사교적 관계, 파벌 형성 등으로 왜곡).

10) 멘토/멘제의 니즈나 가치관을 제대로 고려하지 않고 활동한다.

11) 멘토/멘제의 개인성장이나 목표를 고려치 않고 생산성 향상에 주력할 때다.

12) 멘토, 멘제, 상사의 삼각관계에서 갈등이 노출되고 있다.

2. 성공 대비전략

선진 구미 및 북미지역에서 성공 프로그램으로 인증된 멘토링을 국내에서도 유행성으로 밀려나지 않고 어떻게 생산성 향상에 기여하며 또한 멘토링 전문가를 통하여 지속적으로 프로그램 유지관리를 할 수 있을까?

특히 멘토링 프로그램을 개발할 당시 한국적인 정서에 맞게, 아울러 생산성 효과를 창출할 수 있도록 개발한 프로그램을 어떻게 현장에서 제대로 활용할 수 있을까를 전략적인 차원에서 성공전략 5가지를 제시해보고자 한다.

☞ 성공 요소 요약

1) 회사의 적극적인 지원이 필요하다.

2) 멘토링 활동기간을 잘 잡아야 한다.

3) 제반 인사제도와 연계한다.

4) 사내 리더에게 인재육성의 책임을 지운다.

5) 직속상사의 적극적인 협조를 구한다.

6) 멘토링 활동 후에도 지속적인 관계를 유지한다.

7) 경영자의 열정과 몰입이 핵심이다.

☞ 성공 도입전략

1) 멘토링 5가지 이론 등 올바른 이론과 분명한 개념을 정립해야 성공한다.

2) 멘토링 4-프로세스별 실행 프로그램을 제대로 챙겨야 성공한다.

3) 멘토링 정규교육 등 프로그램 전문가를 양성해야 성공한다.

4) 인적, 물적, 설비적인 투자개념과 장단기 프로젝트 개념으로 도입해야 성공한다.

5) 객관성과 공정성 등 올바른 인간성과 생산성 평가시스템을 갖추어야 성공한다.

Chapter 2

멘토링 인재개발 개념

기업 등 조직에서 인재개발의 목적을 어디에 두어야 할 것인가? 이는 무엇 때문에 과학적으로 인재개발을 해야 하며 그 기준을 어디에 두고 행하여야 하는가와 직결된다. 우리는 인재개발의 목적을 쉽게 인적자원(Human Resource)의 가치화에 있다고 본다.

그러나 인적자원의 가치화는 경영의 성과와는 다른 한편인 구성원의 개인 만족성을 동시에 기할 수 있도록 해야 한다. 기업 등 조직의 인적자원은 다른 자원과 달리 그의 관리에 있어서 경제적인 측면의 효율성(생산성=Productivity)과 인간적인 측면(인간성=Humanity) 만족성의 두 가지 목적이 동시에 달성되도록 특히 유의하여야 한다.

2-1. 인재개발 개념(Concept)

1. 멘토링 인재(Talent)개발의 목적

멘토링에서 인재개발의 의미는 한 사람의 인간(A Person)을 전인적인 인격 프로그램을 적용하여 한 사람의 리더(A Leader)로 재생산(Reproducing)하는 것을 목적으로 한다. 특별히 이 개발과정에서 대상이 되는 주인공은 멘제이며 멘제를 한 사람의 리더, 곧 자기와 같은 멘토 리더로 재생산하는 역할은 멘토이다. 그러므로 인재개발의 모델은 멘토 자신이라고 볼 수 있다.

2. 멘토링 인간(Human)의 가치

인간이 권리를 가진 주체, 즉 자기 자신에 대한 결정을 내릴 수 있는 주체인 것은 인간이 하나의 인격이기 때문이다. 이 같은 법률적 지위가 모든 사람에게 인식된 것은 1789년 인권선언을 통해서였다. 인간이 권리상 평등하다면 그것은 인간들이 모두 동일한 가치를 지니고 있기 때문이다. 칸트에 따르면 인격은 절대적인 가치를 가지며 그 자체가 목적이다. 인격을 절대적으로 존중해야 한다는 원리는 타인을 단순한 수단이 아니라 목적으로 대하라는 정언명령을 통해서 표현된다.

3. 멘토링 인격(Personality)의 기원

인격은 법률적이고 도덕적인 개념이다. 인격은 의식적이고 이상적인 주체인 인간을 가리킨다. 즉, 인격으로서의 인간은 선과 악, 참과 거짓을 구분할 줄 알아야 하며, 자신의 행위나 선택에 대해 설명할 수 있어야 한다.

인격이론 사례 1: 모세, 재덕(才德), 겸전한 자

인격이론 사례 2: 호머, 수학, 철학, 논리학

인격이론 사례 3: 아리스토텔레스, 지, 정, 의-도덕-행

인격이론 사례 4: 프로이트, 정신분석학, 잠재 id, 현재 ego, 초월 superego

인격이론 사례 5: 프로메니우스(Promenius) 인격적인 관계형성, 하나님, 인간,
　　　　　　　　　　 이웃, 자연환경

☞ 멘토의 인격

1) 암묵(Tacit)적 인격: 멘토에게 암묵적으로 내공되어 있는 잠재역량의 가치로 멘제와 일상생활에서 자연스럽게 표출된다.

2) 형식(Ex-Plicit)적 인격: 멘토로부터 외부에 표출된 것으로 학위논문, 자격증, 지적재산권, 특허권 등 형식적 지면(Paper)으로 표출된 것이다.

4. 멘토링 인간존중(Human Respect) 의미

멘토링의 인간존중 의미는 첫째, 인격적으로 평등의 위치에서 내 인격처럼 남의 인격도 존중해준다는 데 의미가 있다. 두 번째는 한 사람의 철학으로 멘제 한 사람을 다수의 멘토가 지원하여 멘토보다 더 훌륭한 사람으로 키운다는 데 의미를 부여한다. 셋째로 조직에서 구성원 한 사람 한 사람의 의견을 존중하는 하의상달(Bottom Up) 경영 스타일로 개인의 역량을 결집하여 조직의 인재경쟁력을 확보하자는 데 의미가 있다.

1) 인간중심경영: 행복한 젖소가 우유를 많이 생산하고 행복한 직원이 생산성을 높인다.
2) 인간개발경영: 인격적으로 균형을 갖춘 직원이 업무에 몰입하고 효율성에 기여한다.

5. 인재주의(Talentism)란?

금번 스위스 다보스 포럼(2012.1.26~29)에 자본주의 위기극복 대안으로 인재주의를 강조했다. 이 대안은 자본가들이 투자자본에 비해 가장 높은 이윤을 창출하기 위해 최적의 기업을 찾아내고 그 과정에서 경쟁을 통한 경제발전을 도모한 것이 자본주의였다. 이에 비해 인재주의는 구성원 개개인, 나아가 사회 전체의 만족과 창의성을 극대화해야 경제발전을 이룰 수 있다는 데 초점을 맞추고 있다. 그동안 비판받았던 포용성 부족, 윤리의식 부재, 일자리 창출 부족 등의 자본주의 문제를 이제는 해결해야 한다는 내용이다(2012 다보스 포럼 회장 클리우스 슈바프).

2-2. 인재가치 조직에서 중요성(참고도서: 『JS식 인재론』, 류재석 저, 1997.11.1)

조직에서 멘토링은 먼저 두 사람이 한마음으로 하나 되어 오늘의 행복과 내일의 희망을 만들어 한마음 조직공동체 구축에 기여하고, 아울러 멘토는 인간성 경영을, 상사는 생산성 경영을 균형 있게 추진함으로써 구성원을 질적·양적으로 경쟁력 있는 인재를 개발하여 유기적 공동체 구축에 기여하고, 특히 조직의 가치관(사명, 핵심가치, 비전)을 공유함으로써 구성원의 역량을 결집하여 조직의 경쟁력 강화에 크게 기여하게 된다.

1. 멘토링 인재가치의 중요성

사람이 모이는 조직에는 세 종류의 사람이 있다. 우리는 흔히 곤충을 들어 꿀벌같이 조직에 이익(+)을 주는 사람, 개미같이 있으나 마나(0) 한 사람, 오히려 있음으로 해서 손해(-)를 끼치는 사람이 그것이다.

이익을 주는 사람은 그 조직의 자산이 되나 제로(0)인 사람은 부채이다. 왜냐하면 봉급을 지불해야 하기 때문이다. 더욱이 마이너스적인 사람은 부채 중에도 악성 부채다. 여기에서 경영논리를 편다면 기업은 인적자원과 물적자원 및 재무적 자원으로 구성된 하나의 시스템으로서 기업 목적달성을 위하여 경제적 활동을 지속하고 있다.

기업을 구성하고 있는 자원들 중에 인적자원에 의해서 다른 자원들이 운용되고 있으므로 결국 기업은 사람에 의해서 움직이는 것이다. 따라서 기업 내의 인적자원에 대한 올바른 인식은 매우 중요한 과제라 하겠다.

인적자원은 물적 자원이나 재무적 자원과 공통된 점도 있으나 그것과는 본질적으로 다른 특성을 지님으로써 보다 복잡하고 측정하기가 상대적으로 어렵다.

최근 기업 등 각 조직에서 경쟁우위 전략으로 인적자원에 대한 중요성으로 인재전쟁(The War of Talent), 인재주의(Talentism) 등으로 다각적으로 연구와 대안이 제시되고 있다.

2. 멘토링 인재가치의 종류

멘토링 코리아에서는 조직의 인재를 효율적으로 관리하기 위하여 조직에서 활동하는 인재를 기여도에 따라 다음과 같이 인재(人災), 인재(人豺), 인재(人材), 인재(人財), 인재(人才)라는 5가지 종류로 등급을 평가하여 구분했다.

인재조직의 기여도 평가표

구분	거미		개미	꿀벌	
등급	인재 人災 Calmit D급	인재 人豹 Wolf C급	인재 人材 Material 0급	인재 人財 Property A급	인재 人才 Talent S급
기여도 평가	망(亡)	손해	본전(신입직원)	이익	흥(興)
	재앙꾼	요령꾼	일꾼	벌이꾼	살림꾼
	부도어음	불량품	재료	상품	Hit 상품
	재앙	범죄	물질	재산	지혜
	-	-	0	+	++
신뢰도	1) 100% 감시 2) 동인(動人) 교체-리더-환경-자신 퇴직 3) 심적 충격-신앙, 여행, 질병, 대형사고	1) 일정기간 정기 감독 2) 징계처분 3) 정신교육 중점	1) 교훈 설교 규정 인지 2) 교육 참여 3) QC, TF팀	1) 동고동락 2) 전문교육 중심 3) 계속 동기 부여	1) 100% 신뢰 2) Top 위임전결 3) 지도자 육성

3. 멘토링 인재가치 개발

멘토링 인재관리는 사전예방이라는 관점에서 1:1 멘토링 활동을 우선적이며 긴급한 분야에 실시하고, 특히 人豹, 人災는 집중적으로 장기간 멘토링 활동을 지속하며, 人材는 신입직원 차원에서 멘토링 활동에 참여하여 다음 평가 시에는 人財, 人才로 향상되는 데 목적을 둔다.

1) 인재개발 등급별 멘토링 대안

(1) 人才: 임원 멘토와 연결하여 핵심리더, 핵심업무에서 영향력을 발휘하도록 업그레이드한다.

(2) 人財: 간부급 멘토와 연결하여 조직 내 관리업무에 영향력을 발휘하도록 입그레이드한다.

(3) 人材: 신입직원에 맞는 5년차 이내 선배멘토를 연결하여 조기 전력화 멘토링을 진행한다.

(4) 人豹: 섬김 리더십을 갖춘 관리자급을 멘토로 연결하여 한마음 공동체 구축에 동행한다.

(5) 人災: 전문지식을 갖춘 간부·임원·사회저명인사를 멘토로 연결하여 사전
대응 전략을 세운다.

2) 인재개발 멘토링 일반적인 대안

(1) 멘토링 동행으로 인재양성 장단기 전략 수립(1~5년)

(2) 멘토와 동행으로 장기간 지속적인 교육 수강(1년 이상)

(3) 멘토링 활동으로 독서권장을 통한 자기개발 유도(1년 이상)

(4) 人豺, 人災는 개인상담으로 사전멘토제도(1년 후 멘토 교체 5년간)

(5) 노사화합 멘토링으로 전 사원 선(善)과 악(惡)에 대한 분명한 개념 인지(認
知)(1년 이상)

(6) 기존 인시고과 실시 후 자려 50% 이상 반영하는 방법(매년)

4. 멘토링 인재가치 다면평가

멘토링 인재개발 다면평가는 멘토링 사전·기중·사후 평가를 통하여 전체 참
여자에게 목표와 책임의식을 고취하고 평가 후 등급을 조정하고 멘토링 활동에
참고자료로 활용한다.

등급	가치	명칭	평가방식			
			자기 평가	하급자 평가	동료 평가	상급자 평가
S급 人才	회사를 키우는 자 Hit상품 금메달	살림꾼				
A급 人財	남의 몫까지 하는 자 우수제품 은메달	벌이꾼				
B급 人材	제 몫을 하는 자 재료 NO 메달	일꾼				
C급 人豺	봉급만 축내는 자 불량품(부채) 반칙자	요령꾼				
D급 人災	회사를 말아먹는 자 부도어음(악성범칙자)	제안꾼				

2-3. 인성(Humanity) 리더십 예비진단

멘토링 활동은 멘토의 역량을 최대한 발휘하여 멘제 역량개발에 성과가 나타나야 한다. 멘토의 전인적인 삶의 조언자 역할을 위한 예비진단 도구로 멘토 개인의 멘토링 활동 기준으로 제시한다.

구분		평가진단도구	5	4	3	2	1
전문분야	지식기술	지식과 기술 이전이 잘 되고 있다.					
	업무지원	업무지원이 잘 되어 업무가 숙달되고 있다.					
	노하우	노하우를 제대로 얻을 수 있는 계기다.					
	정보공유	가치 있는 정보공유가 잘 되고 있다.					
	경력개발	경력개발에 큰 도움이 되고 있다.					
정서분야	정서향상	친목미팅 등 정서활동에 도움이 되고 있다.					
	타인배려	어려운 일 처리에 많은 도움을 받고 있다.					
	건강향상	정신 및 신체 건강증진에 도움이 된다.					
	관계촉진	상호 간 미팅을 더욱 자주 하고 싶다.					
	심리차원	상담과 대화를 통해 감사의 마음이 생긴다.					
의지분야	의지결단	리더로 성장하고 싶은 의욕이 강하다.					
	윤리의식	선과 악의 구분을 분명하게 할 수 있다.					
	절제관리	혈기 등 본능적인 면에서 절제가 잘 된다.					
	목표의식	생애목표 및 업무 목표설정에 도움이 된다.					
	리더역할	현 멘토를 모델로 차후 나도 멘토가 되고 싶다.					
합계		합계/득점표시 회수=평균점					

NO	점수	판정
1	70~75	탁월: 조직별 최고(Best) 멘토, 멘토교육의 초대강사 대상이다.
2	60~69	우수: 우수(Golden) 멘토대상자, 인재개발 멘토링의 12개월 진행이 가능하다.
3	50~59	보통: 일반 멘토로서 프로젝트 멘토링의 12개월 진행이 가능하다.
4	49 이하	보완: 멘토링 전문가에 의한 인격 프로그램으로 양성대상이다.

4-Step 멘토링 4단계별 인재개발법

멘토링 다이아몬드 4단계 개발법은 신입인재에 Dia 관계개발, 일반인재에 Dia 경력개발, 관리인재에 Dia 성과개발, 리더인재에 Dia 조직개발 프로그램을 적용하여 먼저 상사의 생산성과 멘토의 인간성으로 협력하여 균형경영을 이루고 구성원 개인 만족감으로 인재경쟁력을 통한 조직개발에 기여하고자 하는 과정이다.

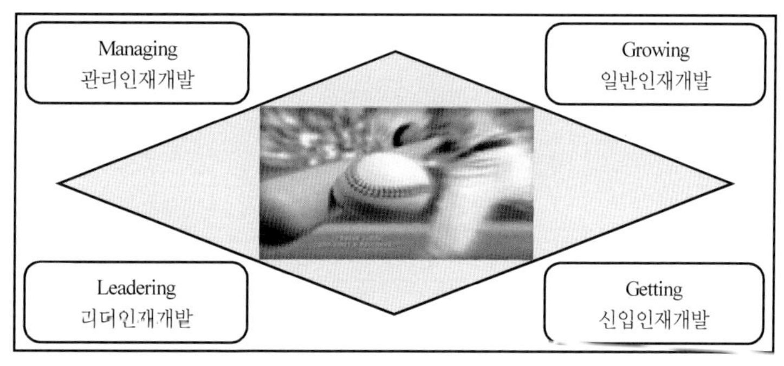

 신입인재개발

Dia 1. 신입직원 관계개발법

신입인재 개발은 다이아몬드 첫 번째 단계로 신입직원으로 입사, 수습으로 인재개발과 인재확보(Getting)의 단계로 멘토와 연결되어 "조기 정착 멘토링 활동"에 참여하게 된다.

이 단계에서 멘토는 인성적인 면에서 지원활동으로 인간성(Humanity)을 챙기고, 상사는 업무적인 면에서 지시활동으로 생산성(Productivity)을 챙기고, CEO는 질적과 양적으로 인재개발을 통하여 조직의 인재경쟁력을 챙기는 3자의 협력(Collaboration)경영이 이루어진다.

Theme 1. 신입직원 멘토링의 필요성

Theme 2. 신입직원 관계개발 M–DRD–4S

Theme 3. 적합성 예비진단

신입직원 멘토링의 필요성

멘토링 프로그램 4단계 중 첫 번째는 신입직원 멘토다. 신입직원 멘토링 첫 단계에서는 팀 리더나 라인 매니저가 신입직원에게 멘토를 배정하며 다음과 같은 신입 멘토링의 중요성에 함께 공감하여야 한다.

1-1. 신입직원 멘토링의 중요성

기업 등 조직의 규모가 커지면 필연적으로 더 많은 인원을 채용해야 한다. 그런데 애써 채용한 신입직원들이 조직에 적응하지 못하고 빠져나간다면 조직으로서는 이만저만 손실이 아니다.

재선발 비용, 채용홍보 비용 등 직접적인 손실은 물론이고 대체비용, 생산성 상실에 따른 기회비용 등 보이지 않는 비용까지 발생하기 때문이다. 참고로 한 조사에 의하면, 직원 1명이 이직할 때마다 해당 직원의 1년 연봉(복리후생비 포함)만큼의 손실이 발생한다고 한다.

신입직원의 이직률은 업종과 직무에 따라 다소 차이가 있다. 예를 들어 전문기술이 필요한 R&D나 IT업계, 영업 마케팅 고객서비스 분야, 생산 분야의 신입직원 이직률은 여타 분야에 비해 상당히 높은 수준이다.

이러한 분야들의 공통점은 조직의 이윤 창출과 직결되는 핵심부서로서, 상당한 수준의 전문적 지식이 요구되는 분야이거나 고객과 직접 접촉하는 최전방 부서라는 것이다. 따라서 핵심인재의 이탈은 이러한 회사 입장에서 보면 단순히 직원 한 명이 빠져나간다는 의미를 넘어, 중요한 지적자산(Intellectual Capital)을 잃는다는 엄청난 의미가 있는 것이다.

그렇다면 이들은 왜 조직을 빠져나가는 것일까? 물론 여러 가지가 이유가 있을 수 있지만, 대표적인 몇 가지 이유로 자신의 역할을 제대로 이해하지 못하거나, 업무적성 또는 조직의 문화나 정서, 가치관에 적응하지 못한다거나 신입직원의 참을성 부족 등을 들 수 있다.

1. 멘토 중요성에 대한 설문평가자료

직장에 멘토가 있으면 좋겠다는 의견이 79.5%임에도 현재 멘토링 제도가 있는 곳은 18.2%로 구성원들의 욕구에 경영층이 그만큼 대응을 못 해주고 있는 현실이다. 반면에 특히 신입직원 멘토링을 도입한 조직에서의 효과평가는 12개월 기간에 최상의 조기 정착 효과사례를 보여 주고 있다.

대부분 직장인들은 회사에서 멘토가 필요하다고 생각하지만 실제로 멘토링 제도가 실시되는 곳은 많지 않은 것으로 나타났다. 2010. 03. 17 온라인 취업사이트 사람인에 따르면 리서치 전문기관인 폴에버와 함께 직장인 1,636명에게 '직장생활에서 멘토가 필요하다고 생각하는가'라고 설문한 결과, 79.5%가 '그렇다'고 답했다.

멘토란 그리스 신화에서 오디세우스가 트로이 전쟁을 떠나면서 자신의 아들을 친구인 멘토에게 맡긴 것에서 유래된 것으로 회사나 업무에 대한 풍부한 경험과 전문지식을 갖고 있는 사람을 뜻한다.

멘토가 필요한 이유에 대해(복수응답) 직장인들은 주로 1) 업무 스트레스를 줄일 수 있어서(42.9%)나 2) 업무능력을 키울 수 있어서(42.0%)라고 답했다.

멘토에게 받고 싶은 도움으로는(복수응답) 1) 업무 전문지식과 노하우(62.8%), 2) 인간관계(51.2%), 3) 자기계발 노하우(34.0%), 4) 인생상담(26.8%) 등인 것으로 조사됐다.

그러나 현재 다니는 회사에 멘토링 제도가 있는지를 묻는 질문에 직장인 18.2% 만이 '있다'고 답해 멘토링 제도를 시행하는 기업이 많지 않은 것으로 나타났다.

2. 직장에서 멘토의 영향력

대학을 갓 졸업하고 사회에 첫발을 내디딘 사람들이 그토록 고대하던 직장에 들어가면 정말로 행복할까? 입사할 때의 포부와는 달리 사무실에서 이방인처럼 기존의 구성원들과 동화하지 못하는 경우가 허다하다. 한 지붕 밑에서 한솥밥을 먹게 되었지만 어느 한 사람도 거친 직장환경에서 살아나가는 방법을 가르쳐주지 않는다. 먼저 들어온 사람들이 겪었던 수많은 시행착오를 신참들도 당연히 치러 야 하는 통과의례쯤으로 여기는 것이다.

신입직원들은 '입시충격' 혹은 '역할충격'으로 인해 조직의 일원으로 적응하지 못하고 이탈할 가능성이 무척 크다. 이는 신입직원들이 입사 후 1년 안에 직장을 바꾸는 일이 아주 빈번하다는 통계를 보더라도 알 수 있다. 그래서 입사 후 6개월 에서 3년까지 입사충격으로 인한 부작용을 최소화하고 조직내부자로 완전히 적 응할 수 있도록 직장 내의 길잡이 역할을 철저히 하는 사람, 즉 멘토(Mentor)가 필 요한 것이다.

멘토는 제자나 후배에게 지식을 전달해줄 뿐 아니라 인격적 수양까지 도와주 는 일종의 개인교사(Tutor)인 셈이다. 고질적인 혈연이나 지연, 학연에 얽매인 관 계가 아닌 같은 분야에서 일하는 선후배가 일정기간 동안 인간적인 면에서 서로 끌어주고 밀어주는 관계를 맺는 것이다. 이와 같이 관계를 맺으면 멘토는 후배를 만나 자신의 리더십을 기를 수 있고, 후배는 경험이 풍부한 멘토를 통해 실질적인 업무와 기술 그리고 비즈니스나 직장의 노하우는 물론 삶의 지혜까지 배울 수 있 게 된다.

사회생활을 하면서 후견인 또는 후원자 역할을 하며 후배를 잘 키워주는 사람, 그가 바로 멘토다. 멘토가 키워주는 사람을 멘제[Menger, 원명: 프로테제(Protégé)] 라고 한다. 즉, 멘토가 사부, 스승, 보호자, 후원자 등 지도자라면 멘제는 피보호자, 부하직원, 후배직원, 귀여움 받는 학생이 되는 셈이다.

멘토링 서비스의 1차 목적은 직원을 멘제로 선정하여 멘토의 도움으로 차세대 리더로 개발하는 데 있다. 그러므로 멘토링 활동에서 멘토의 역할은 절대적이라고 보기 때문에 선정과 양성에 각별히 유의해야 한다.

1-2. 신입직원 멘토링의 대안

1. 신입직원 멘토링 적응효과

1) 신입직원 오리엔테이션만으로 부족하다

일반적으로 각 조직에서는 신입직원의 이직율을 줄이고 조직에 대한 신속한 적응을 강화하기 위한 방법으로 신입직원 오리엔테이션을 가장 선호하고 있다.

신입직원 오리엔테이션은 신입직원들을 조직문화나 분위기에 빠르게 적응시키고 업무수행 과정에서 자신의 실력을 충분히 발휘할 수 있도록 도와주는 역할을 한다. 그러나 이처럼 많은 조직에서 활용하고 있음에도 불구하고, 신입직원 오리엔테이션이 신입직원의 조직적응력을 높이는 데에는 한계가 있다는 지적이 나오고 있다.

특별히 신입직원 오리엔테이션이 그 기능을 제대로 발휘하지 못하는 가장 큰 이유로 조직에 대한 올바른 정보를 제공해주지 못한다는 점을 지적하고 있다. 일반적으로 신입직원은 조직에 취업할 때 이 조직이 자신의 꿈을 이루어 갈 조직이라든가, 자신이 맡은 분야의 전문가가 되겠다는 등의 장밋빛 환상을 갖게 된다. 그러나 꿈과 현실에는 분명한 차이가 있디. 꿈이 현실에 부딪치는 순간 그 사람의 업무의욕이나 조직에 대한 관심은 현저하게 줄어든다.

문제는 신입직원 오리엔테이션은 신입직원의 꿈을 실현하기 위한 현실적인 방법보다는 조직의 긍정적인 측면만을 강조함으로 인해 그러한 환상을 더욱 부풀리게 된다는 것이다. 따라서 처음부터 조직의 부정적인 측면을 강조할 필요는 없지만 최소한 자신의 이상을 현실적으로 생각해볼 수 있는 객관적인 정보 정도는 제공해주어야 이러한 부작용을 막을 수 있다.

신입직원 오리엔테이션의 또 다른 문제는 학습방식에 있다. 즉, 집단적이고 단기적(며칠에서 길어야 2~3주 정도)으로 학습이 이루어지기 때문에 학습효과의 지속성이 상당히 떨어지게 되는 것이다.

2) 일정 기간 멘토링 활동이 해답이다

이처럼 신입직원 오리엔테이션은 신입직원의 조직적응도 및 효과의 지속성 측면에서 여러 가지 한계를 가지고 있다. 따라서 이러한 한계를 극복하기 위해서는 신입직원 오리엔테이션과 함께 일정기간 멘토링 활동을 병행해야 한다.

3) 조직의 가치와 철학을 공유한다

신입직원이 취업 초기에 조직에 적응하지 못하는 가장 근본적인 원인은 전공과목에 대한 적응능력보다는 조직생활에서 지향하는 가치관이나 철학에 대한 이해가 부족하다는 점에서 비롯된다. 멘토링은 이러한 문제를 풀어 나가는 데에도 큰 역할을 할 수 있다. 멘토링은 신입직원들이 우리 조직의 조직문화를 신속하게 받아들이고, 내외부 구성원을 위해 행동하도록 유도하는 데 탁월한 효과가 있다.

2. 신입직원 멘토링 여섯 가지 내용

신입직원 멘토링 첫 단계에서는 팀 리더나 라인 매니저가 신입직원에게 멘토를 배정하며, 다음과 같은 여섯 가지 분야가 멘토링 활동에 포함되어야 한다.

1) 조직적응화: 새로운 환경에 들어오게 된 신입직원이 적응할 수 있도록 멘토가 도와준다.
2) 업무 OJT: 멘토는 멘제가 직무를 수행할 때 지켜보고 곧바로 피드백을 준다.
3) 전문분야 개발: 신입직원들은 멘토가 일을 어떻게 하는지 관찰함으로써 회사 안의 특별한 테크닉을 배우게 된다.

4) 업무 다양성: 인종적 다양성뿐 아니라 성별, 경험, 문화 등의 다양성 면에서 동료·수직구조 사이의 포용과 이해를 증진한다.

5) 기업지식(Corporate Memory): 멘토링 프로그램 첫 단계는 조직의 경영에 관한 전반적인 이해가 시작되는 지점이기도 하다. 멘토는 조직에 대한 특별한 지식과 기술 그리고 자신의 경험을 멘제에게 물려준다.

6) 사업경영에 대한 이해: 일반적으로 신입직원들을 우리 조직의 경영이념에 맞게 인사기준으로 뽑았고 따라서 직원들의 주요 관심사는 조직의 수익이나, 경쟁환경보다는 자신들의 전문 분야일 경우가 많다. 멘토는 신입직원의 입사 때부터 사업상황을 알려주려는 역할을 한다.

1-3. 신입직원 멘토링 사례

신입직원 빠른 업무적응 등 효과가 높아 정부·지자체·대학까지 광범위하게 적용되고 있다. 모범사례로 삼성 에버랜드, 삼양사, LG CNS 등의 기업을 요약해서 소개한다.

멘토링이 국내에 도입된 것은 2000년대 초부터이다. 당시 몇몇 기업이 신입직원 교육용으로 직원 중에 멘토를 뽑아서 멘토·멘제 관계를 맺어주는 제도를 도입했다. 이와 함께 유명 컨설팅업체 맥킨지의 21세기 인재전략 보고서가 번역, 출간되면서 멘토링 문화는 급속도로 확산됐다. 보고서의 가장 중요한 메시지는 '인재양성은 모든 기업의 경쟁력 원천이고 21세기형 인재를 기르기 위해서는 멘토링에 주목해야 한다'는 내용이었다.

실제로 멘토링을 도입한 기업에서 효과가 나타나고 사원들 사이에서도 좋은 반응을 얻자 멘토링은 기업들 사이에서 빠르게 퍼져나갔다. 인터넷 채용정보 업체인 잡링크가 160개 기업을 대상으로 조사한 바에 의하면 기업의 47.5%가 멘토링 제도를 활용하고 있다고 응답했으며 42.5%는 적극 검토 중이거나 도입할 예정인 것으로 나타났다.

삼성 에버랜드는 신입직원들이 직장생활에 효과적으로 적응하고 회사 비전에 대한 공감대를 공유하며 애사심을 높이기 위해 선배들과 1:1 매칭 후견인 제도인 'I love SEM(Samsung Everland Mentoring)' 제도를 운영하고 있다.

멘토(선배)와 멘제(후배 신입직원)가 한 조가 되어 활동하는 멘토링 제도는 총 10주 과정으로 진행된다. 지금까지 126명의 신입직원이 선배들과 조를 이뤄 그들의 경험과 노하우를 체득했고 회사 비전과 경영현황에 대한 이해를 높이면서 업무능력을 향상시키는 계기로 활용했다. 멘토와 멘제로 연결된 선배와 후배는 자유롭게 계획을 세워 활동한다. 함께 소풍을 가기도 하고, 선배의 근무지를 둘러보며 회사 사업장을 견학하는가 하면 선배로부터 재테크 노하우도 배운다. 선배사원인 멘토들도 재주 많고 참신한 아이디어가 넘치는 신입직원들과의 교류를 통해 신선한 아이디어를 얻고 업무혁신에도 도움이 된다는 반응이다. 즉, 멘토가 멘제에게 일방적으로 영향을 주는 관계가 아니라 멘토 또한 멘제를 통해 신입직원 시절을 회상하며 회사생활에 활력을 얻고, 후배들의 적극적 자세에 자극을 받는다.

삼성 에버랜드는 멘토링 제도를 도입해 신입직원들의 업무 적응능력이 크게 오른 것으로 평가하고 있다. 삼성 에버랜드 인재개발팀 정인철 팀장은 "멘토링 제도시행 결과 선배사원과 신입직원 모두 만족도가 높았으며 향후 더 새로운 프로그램의 개발을 통해 흥미를 높이면서 동시에 업무적응능력을 향상시킬 수 있도록 제도를 발전시킬 계획"이라고 말했다.

삼양사의 경우 멘토링 초창기인 2002년에 멘토링을 도입해 효과를 본 사례이다. 멘토링 도입 이후 이직률이 한층 낮아지고 사내갈등 관리와 역량개발에서 좋은 효과가 나타났다. 삼양사의 멘토링은 4~10년차 선배와 신입직원을 짝지어 1년 동안 여러 활동을 함께하는 방식으로 운영한다. 만 3년 이상 근속하고 개인역량과 대인관계가 좋은 사원 중에서 멘토를 선발해 신입직원 멘제와 짝을 지어준다. 멘토는 멘제와 상호협의를 통해 활동계획을 세우고 그 실천과정을 사내 홈페이지에 올린다. 이런 활동을 모니터링하는 인력개발팀은 활동이 우수한 멘토와 멘제를 매달 선정해 포상한다.

2001년 멘토링을 도입한 시스템 통합업체 포스데이타는 멘토링 도입 이후 이직률이 뚝 떨어졌다. 1990년대 후반에 신입직원들을 대거 채용하면서 체계적인 관리가 안 돼 이직률이 16%에 달했지만 멘토링 도입 이후 1~2% 수준으로 이직률이 떨어졌다.

일반 사원교육에서는 하기 힘든 업무의 맥락을 고려한 멘토들의 지도 덕에 신입직원들이 업무에 빠르게 적응했다. 멘토들은 멘제들의 개인문제까지 상담해주기 때문에 이직에 대한 고민도 대체로 초기에 해결됐다.

유통업계의 이랜드 그룹도 핵심인재 재생산체제라고 이름 붙인 멘토링 프로그램을 실시하고 있다. 이 프로그램의 특징은 멘토들에게 인재육성의 책임을 강하게 부여하는 것이다. 멘토는 2년간의 멘제 육성 로드맵을 직접 작성하고 단계별로 목표를 정해 성과를 점검한다. 또 멘제와의 만남 등 활동기록도 작성한다. 이런 내용을 얼마나 충실히 이행했는가는 승진심사에도 반영된다.

☞ LG CNS, 멘토링으로 신입직원 조기역량 강화

IT서비스기업 LG CNS(대표 김대훈)가 멘토링을 통한 신입직원 조기역량 강화에 박차를 가하고 있다. LG CNS의 멘토링 프로그램은 김대훈 사장이 취임한 2010년, 향후 10년 후 비전인 'LG CNS 비전 2020'과 함께 김대훈 사장이 강한 의지를 보인 프로젝트다. 김대훈 사장은 "역량 있는 인재로 조기 전력화하는 데 '멘토링'이 가장 적합한 제도"라며 "기업환경이 어려울수록 중장기적 관점에서 우수 신입인재 발굴 및 육성에 힘써야 한다"고 말했다.

이러한 김 사장의 의지에 따라 2010년 이후 입사한 천여 명의 LG CNS 신입직원들은 대리급 선배를 멘토로 만나 지속적인 지도 및 회사 차원의 활동비 등을 지원받는다.

LG CNS의 신입직원 멘토링은 신입직원에게는 자연스러운 개인업무 역량습득을, 회사차원에서는 신입직원 역량 조기 확보에 효과적인 프로그램이다. 실제로 스마트(Platform)팀 신입직원들은 멘토링 프로그램에서 '누구냐 넌'이라는 스마트폰 애플리케이션을 개발, 본인들이 실생활에서 쓸 수 있는 앱을 만들면서 자연스럽게 업무능력을 키워가고 있다. 앱 개발에 참여한 김수진 사원은 "멘토링으로 신입교육에서는 배우지 못한 업무과정을 재밌게 익힐 수 있어 좋다"며 "앱 개발을 통해 나도 이 분야의 전문가가 될 수 있겠다는 자신감이 든다"고 말했다.

신입직원들의 참신한 아이디어와 선배들의 노하우가 결합된 '누구냐 넌' 앱은 개발완료 후 팀원들 사이에서 '누가 빨리 얼굴을 맞히나' 이벤트가 유행하는 등 팀 분위기 활성화에도 기여하고 있다.

IT서비스업 특성상 프로젝트 업무 중심인 LG CNS 임직원들에게 팀워크는 프로젝트 성공 여부를 결정하는 중요한 요소다. LG CNS 신입직원 멘토링은 멘토-멘제뿐 아니라 팀 내 선후배 사이에 서로 돕고 이끌어주는 가족 같은 분위기가 자연스레 배어 드는 조직문화를 양산하고 있다. LG CNS의 가족 같은 멘토링은 LG의 '애정맨'을 탄생시키기도 했다. LG CNS 양지운(제조・서비스 BI컨설팅 2 팀) 사원은 멘토링 학습결과로 제작한 '애정맨(애매한 것 정해주는 멘토)'에 출현한 것이 계기가 되어 LG그룹방송에 발탁, 개그맨 최효종 씨와 함께 재미있는 표정과 제스처로 회사생활의 애매한 것들을 정해주면서 사내는 물론 LG그룹 전체의 '애정남'으로 유명해진 것이다. 이렇듯 LG CNS의 멘토링은 신입직원의 숨은 개성을 발견, 회사 문화와 자연스럽게 연결해 그들이 회사에 소프트랜딩하는 데 효과적인 프로그램이다.

LG CNS 측은 "신입 멘토링을 적극 육성하여 자연스럽게 관리자급까지 확산, 신뢰와 협업의 조직문화로 만들어 가겠다"고 말했다. LG CNS 신입직원 멘토링 프로그램은 총 930여 명, 158그룹이 참여하고 있으며, 규모는 점차적으로 확대되고 있다(뉴스 핌(News Pim)=장순환 기자, 2012.3.16).

신입직원 관계개발 M-DRD-4S

2-1. 관계개발 4단계 발전모형도

인류역사(아담·하와) 이래로 1:1 멘토링 인간관계(Relation)는 인간의 본능적인 관계지향으로 오늘날 가정에서 1:1 부부 Cell이 기초가 되어 가정, 직장, 국가, 지구촌이라는 거대한 관계형성 조직이 태동되었다.

특히 신입직원 멘토링의 이론적 근거는 네빈슨 교수(Levinson, 예일대학교 평생교육학자)의 저서『남자의 계절』에서 "청년 초기, 즉 제도권 교육을 벗어나서 사회 직장진입 시점에서 멘토가 없는 사람은 부모가 없는 고아와 같다"는 데서 기인한다.

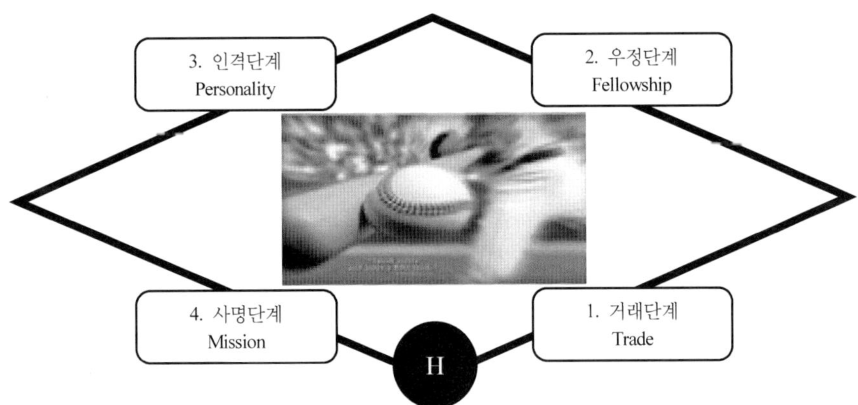

관계(Relation)개발 다이아몬드 모형도

1) 단계: 신입인재개발 단계는 Diamond 인재개발의 첫 번째 단계(Step 1)이다.

2) 적용: 조직에 새로 입사한 신입직원에 적용 프로그램이다.

3) 내용: 한마음 인간성 M-DRD-4S 프로그램으로 4단계 관계개발을 초점으로 한다.

4) 기간: 멘토링 활동 12개월 기간으로 설정했다.

5) 사례: LG CNS, 삼성테크윈, 삼양사

1. 멘토링 관계의 정의

멘토링에서 관계(關係, Relation)는 인격을 기본으로 인간 간의 수평적인(Person to Person) 관계를 의미한다.

- 여기에서 관계는 외형적이거나 계급 등 신분적이 아니라 평등한 인격적인 관계다.
- 하나님과 인간관계
- 부모와 자녀관계
- 부부관계 등은 멘토링보다 더 깊고 높은 관계(High Quality)이며 수직적인 또한 부부일체적인 면에서 멘토링과 비교할 수 없다.

2. 멘토링 관계의 보완

인간관계 형성은 인간의 본능이다. 그래서 역사 이래로 멘토링은 지속되어 왔고 오늘날도 그리고 미래에도 인류가 존속하는 한 멘토링 관계는 지속될 것이다. 전통적인 멘토링에서는 프로그램 없이 위대한 멘토의 리드(Lead)에 의하여 멘토링 성공사례는 수도 없이 많다.

그러나 오늘날 조직에서 멘토링 관계는 위대한 멘토를 찾기가 그리 쉽지 않기 때문에 인위적 계획적으로 멘토/멘제를 선정하여 모니터링 시스템(Monitoring System)에 의하여 진행하고 있는데 이를 제도적 멘토링(Systematic Mentoring)이라고 부른다.

3. 멘토링 관계의 올바른 연결

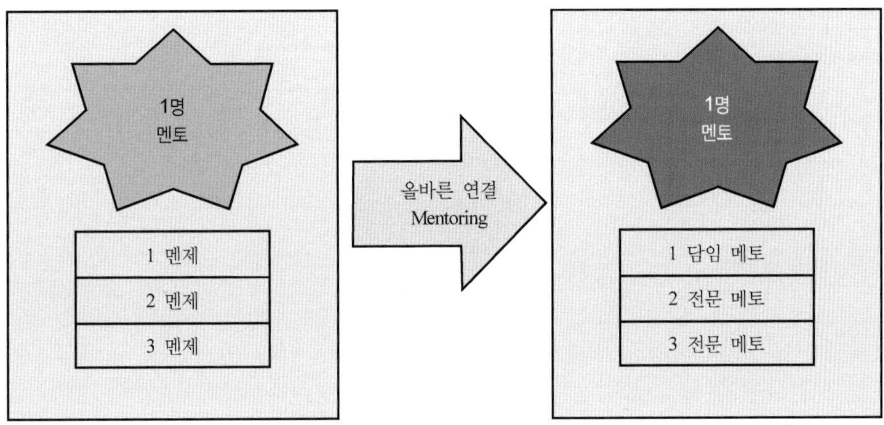

2-2. 관계개발 4단계 발전과정

멘토링에서 관계는 멘토와 멘제 둘이서 신뢰와 존경으로 한마음이 되어 오늘의 행복과 내일의 희망을 만들어 가는 관계다. 이러한 관계개발을 통해 한 조직의 힘을 극대화할 수 있으며, 어떤 어려움 가운데에서도 이를 이겨낼 수 있는 힘을 끌어낼 수 있는 것이 멘토링 관계다.

멘토링의 관계개발은 자신의 잠재역량을 최대한 발휘하여 주어진 업무들을 바르게 잘 처리하고 타인을 위해 봉사하고, 사회를 더욱 아름답게 하는 데 기여하게 된다. 멘토링 관계의 영역은 먼저 가정에서 부모, 부부, 자녀와 관계이고 직장에서 상사, 동료, 부하직원과 관계이고 그리고 사회에서 타인과 관계를 강화해 나가는 것이다.

금번 신입직원의 멘토링 관계는 우선 직장에서 조기 정착을 목적으로 아래 4단계의 발전단계 프로그램을 활용할 수 있도록 소개한다.

관계개발 4단계 발전도표

거래관계 ⬇	직장에 처음 입사하여 근로 계약서에 의한 오로지법적인 거래(Trade)관계가 이루어진다. Step 1. 멘토링 탐색단계 Skill 1. 성격개발 촉진 Lynchpin Game
우정관계 ⬇	세월이 지나면서 상하관계, 동료관계, 등으로 관계가 확대 되면서 우정(Fellowship)관계가 이루어진다. Step 2. 멘토링 기초단계 Skill 2. 성통개발 촉진 Pygmalion Game
인격관계 ⬇	인간적으로 업무적으로 존경하는 상사와 고객관계엣 상호간 신뢰와 존경심으로 인격(Personality)적인 관계가 이루어진다. Step 3. 멘토링 심화단계 Skill 3. 인격개발 촉진 Star Game
사명관계 성공	특정한 사항에 관하여 예를 들자면 종교, 이념, 사상, 핵심업무 등에서 생사를 같이하는 사명(Mission)관계가 이루어진다. Step 4. 멘토링 초월단계 Skill 4. 사명개발 촉진 Self SWOT Game

자료: Skill 1~4가지 Game은 류재석 저 『인간 그리고 멘토링』에서 인용.

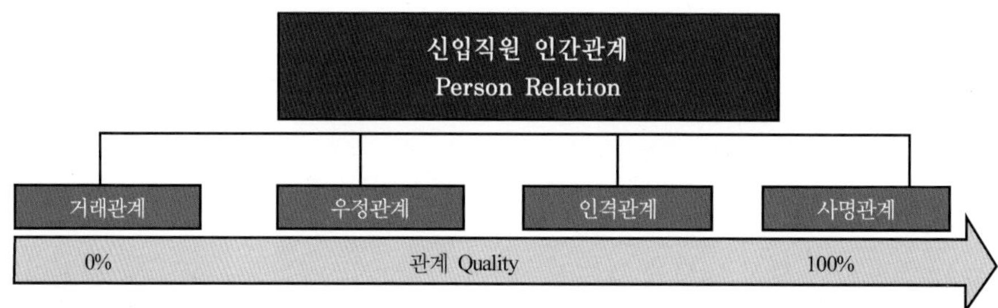

구분	거래관계	우정관계	인격관계	사명관계
특징	1. 법적 2. 업무 3. 물적 4. 직업 5. 계급	친구 선후배 학회 동창회 연인	사제 도제 이웃 돕기 가문 멘토링	부모/부부/자녀/ 신앙-예수님 순국/순교 사상/이념 독립운동/노조
이탈	이익 없으면 이탈	주변 불리한 환경	존중해제, 죽음	사상전향 배교행위
형상				
CEO	독립형	의지형	협력형	일체-한마음
상사				
팀원 간				
부부 간				

- 나는 1:1 관계에서 어느 단계에 속해 있는가?

적합성 예비진단

멘토는 단순히 업무적인 지원을 떠나서 구성원들이 자신의 적성에 맞고 미래 비전을 달성할 수 있는 분야를 선택할 수 있도록 인간성(Humanity) 분야에 우선적으로 도와줘야 한다. 즉, 구성원들이 조직에서 주인의식을 갖고 지속적인 업무개선 노력을 전개할 수 있도록 자신감을 불어넣어 주는 것이 멘토의 궁극적인 역할인 것이다.

전통적인 멘토링은 주로 조직구성원들의 부족한 부분을 보완해주는 기능이 중심이 됐다. 그러나 지속적인 고용이 보장되지 않는 오늘날의 조직환경에서는 이러한 기능 중심의 멘토링 활동만으로는 큰 효과를 볼 수 없게 되었다. 이제는 보다 적극적으로 구성원의 수평적·수직적 업무의 폭을 넓혀 주고, 특히 신입직원에게는 먼저 인간관계, 직장에 정착, 그리고 업무이해 등 단계별로 진행하는 멘토제도가 필요해진 것이다.

☞ 적합성 예비진단 복석: 멘토링 활동의 성공률을 높이기 위한 두 사람의 멘토링 활동 적합성 여부와 "신입직원의 조기 정착"에 기여도 여부를 촉진하기 위함이다.

1. 신입인재 지원 멘토의 기본역할

1) 멘토 대상자

일반직원 중에서 3~5년차로 리더십과 전문지식이 뛰어난 자

2) 멘토의 역할

멘토는 신입직원 멘제를 위하여 먼저 개인의 형식적 인격과 암묵적 인격으로 인성지원 활동을 우선하고 겸하여 인간성을 바탕으로 멘제 개인의 만족감과 인간관계개발, 조기정착률 향상, 업무조기이해 등의 업무 효율성에도 크게 기여할 수 있도록 자신의 역량을 최대한 발휘한다.

3) 멘토의 교육

멘토는 멘토링 활동 개시 전에 멘토링에 관한 전문교육을 수강하고 멘토링 활동에 서는 자율성을 최대한 발휘하여 먼저 자부심을 갖고 보람의식, 책임의식, 목표의식으로 성공률을 높이는 데 기여해야 한다.
- 멘토링 전문교육과정
- 멘토/멘제 Workshop 교육과정
- 멘토링 특강교육 과정

4) 멘토 위 차별화

- 상사: 업무적인 지시(Indicating)=생산성 효과를 챙긴다.
- 멘토: 인간적인 지원(Supporting)=인간성 효과를 챙긴다.
- CEO: 질과 양의 균형 유기적 조직공동체로 경쟁력 강화를 챙긴다.

3-1. 멘토가치개발 예비진단

☞ 멘토 섬김 리더십 예비진단(Test)

정신분석학자 프로이트가 우리에게 주는 또 하나의 다른 교훈은 남의 말을 들

을 줄 알아야 한다는 것이다. 여기에서 '남'이란 진정한 타자(他者)이다. 즉, 애초에 말이 되지 않는 말, 혹은 들리지 않는 말을 하는 사람이다. 이런 사람들이 미친 사람으로 분류되어 사회에서 격리되거나 추방되는 역사적 시점에서 프로이트는 이들의 말 아닌 말을 들으려 애썼고 이들의 들리지 않는 말을 듣는 법을 찾아내려 노력했다. 어느 사회에서든 이런 노력이 절실히 필요하기 때문에 프로이트의 정신분석은 단순히 자기를 향한 실천만이 아니라 사회적 실천으로서 중요하다. 멘토링에서 타자의 진정한 이해는 예컨대 효율성이나 생산성의 원칙에서 본의 아니게 밀쳐내고 덮어 버린 사람들까지 되살리려는 인간존중의 노력이다. 멘토의 정신은 이를 위한 끊임없는 대화다. 어떤 위계나 편견에도 귀속되지 않은 채 상호 간 한마음으로 서로의 마음이 고개를 끄덕이며 온갖 억압에서 놓여날 때까지 계속 이어나가기 위해서 대화하고 소통하는 것이다.

◆ 진단방법: 아래 각 설문항목을 10점 만점(10-8-6-4-2)으로 평가하라.

주제	번호	진단설문도구	점수
마음지수	1	나는 타인을 위해 넓게 포용력을 발휘하는 편이다.	
	2	나는 이웃을 위해 구체적으로 헌신 봉사한 사례가 있다.	
지식지수	3	내가 소지한 자격증이나 노하우를 활용하고 있다.	
	4	내가 취득한 기술이나 정보를 제대로 활용하고 있다.	
건강지수	5	나는 정기적으로 건강을 위해 운동을 한다.	
	6	나는 정신수양을 위해 명상의 시간을 갖는다.	
관계지수	7	나는 직장에서 구성원과 인간관계가 좋은 편이다.	
	8	나는 가정에서 식구들과 대화를 잘하는 편이다.	
관리지수	9	나는 윤리의식에서 선(善)과 악(惡)을 판단하여 행동한다.	
	10	나는 혈기(血氣), 식욕(食慾), 성욕(性慾) 등 절제력이 있다.	
합계		탁월(81~100), 우수(61~80), 보통(41~60), 부족(21~40), 미달(01~20)	

3-2. 업무가치개발 예비진단

1. 신입직원 조기정착 스마트 스타트[1]

최근 신입직원의 부적응 및 이직문제가 자주 회자되는 반면, 이를 막기 위한 대책은 구체적으로 제시되지 않고 있다. 본 보고서에서는 신입직원 부적응의 원인을 세 가지 심리학적 증후군으로 설명하고 이를 해소하기 위한 5가지 대안, S.T.A.R.T(Selection, Truth, Achievement, Route, Talk)를 기업 차원의 실행 가능한 대안과 함께 제시하고 있다.

1) 신입직원 조기이직

국내기업 중 급여 등 근무여건이 좋다고 평가받는 한 이동통신사 임원의 얘기다. 바늘구멍만큼 좁은 취업문을 뚫고 입사한 신입직원들이 1년도 안 돼 조기이직해 기업들에 부담을 주고 있다.

심각한 구직난에도 불구하고 신세대 신입직원들의 조기이직률이 여전히 높다. 2009년에 채용한 신입직원 중 대기업은 13.9%, 중견기업은 23.6%, 중소기업은 39.6%가 입사한 지 1년 만에 퇴사했다고 한다. 2007년 대졸자를 대상으로 조사한 결과 첫 직장에서 근무한 기간은 고작 11.4개월에 불과했다. 채용과 교육에 많은 돈을 투자하는 기업의 입장에서는 큰 문제임이 틀림없다.

---

[1] 참고자료: 삼성경제연구소 서형택 선임연구원, 2011.11.24.

2) 신입직원 조기이직 감지 세부사항

- 신입직원 조기이직은 채용에 실패한 것이며 경제적으로 손실이 크다.
- 이직을 고려하는 사람일수록 우수한 인재일 확률이 높다.
- 자신의 역량과 직무의 적합성이 낮을 경우 이직을 갈망한다.
- 신입직원은 입사 후 수개월에서 수년간 반복되는 허드렛일로 인해 직무에 대한 불만이 커지고 자신감까지 상실한다.
- 상장비전에 불안감을 느끼는 신입직원은 자신을 주변사람과 비교하게 되고, 주변사람들에 비해 뒤처진다는 생각으로 이직을 고민한다.
- 업무에 가장 중요한 동기부여 요소를 묻는 설문에 신세대는 '성장과 경력개발'을 1순위로 선택한다.

3) 조기이직의 원인: 3大 증후군

삼성경제연구소(심형태 선임연구원, 2011.11.24)는 신입직원의 조기이직 현상을 3가지 증후군으로 분석했다.

(1) 파랑새 증후군(Bluebird Syndrome)

신입직원 조기이직의 첫째 원인은 파랑새 증후군 때문이다. 이는 현재 직장보다 더 좋은 직장이 있을 것이라는 막연한 기대감으로 끊임없이 새로운 직장을 탐색하는 것인데, 현대 직장인 10명 중 6명은 이 증후군을 느낀다고 응답했다.

(2) 셀프홀릭 증후군(Self-holic Syndrome)

두 번째, 셀프홀릭 증후군으로 본인의 역량에 비해 가치가 낮은 일을 주로 하면서 갈등을 느끼는 것이다.

(3) 피터팬 증후군(Peter Pan Syndrome)

마지막은 피터팬 증후군으로 기성세대의 문화를 비판하며 변화를 추구하는 신세대 직장인들의 성향을 가리킨다. 이 증후군은 어른으로서 갖는 무거운 책임감을 피하고자 하는 특징도 가지고 있다.

(4) 신입직원 조기유출 방지방안

이러한 신입직원의 조기유출을 방지하기 위해서는 다음의 5가지 방안을 활용해볼 수 있다.

첫째, Selection: 기업 고유의 선발방식을 모색하라. 회사는 기업과 해당 직무의 특징을 고려하여 자사에 맞는 선발방식을 지속적으로 개발할 필요가 있다.

둘째, Truth: 입사 전 회사와 직무에 대해서 사실대로 알려줘라. 회사와 직무에 대한 정보를 제공함으로써 지원자가 직무에 대한 적합성을 입사 전에 확인할 수 있도록 하는 것도 효과적이다.

셋째, Achievement: 입사 초기에 성공을 경험하게 하라. 입사 초기의 성공경험은 앞으로의 회사생활에 매우 긍정적으로 작용한다. 성공 경험 프로그램을 운영해보는 것도 좋은 방법이다.

넷째, Route: 성공경로를 보여 줘라. 이직에 가장 큰 영향을 미치는 것이 바로 성장비전의 부족이다. 직무역량 강화를 위한 교육 프로그램을 개발하고 직무별 성장비전을 제시하는 것이 중요하다.

다섯째, Talk: 끊임없이 소통하라. 신세대의 특성을 고려한 소통으로 정서적 만족도를 높일 수 있다.

4) 시사점

기업은 신입직원의 조기유출이 기업에 미치는 경제적·심리적 비용을 철저히 따져볼 필요가 있다. 사원 한 명의 이직에 따른 직접적인 손해가 이직자 연봉과 맞먹는 수준이라고 한다. 재직 중인 직원들에게 미치는 심리적 영향까지 고려한다면 상당한 손해인 것이다. 기업의 지속성장을 위해서는 신입인력의 확보는 필수다. 따라서 성공적인 채용을 통해 우수인재를 확보한 후, 그들이 역량을 발휘할 수 있도록 지속적으로 지원하는 것이 가장 중요하다.

(1) 신입직원 조기유출로 인한 부작용을 인식하고 장기적인 관점에서 대책을 강구해야 할 시점이다.

  – 신입직원 조기유출은 채용비용 낭비, 업무공백 등 회사의 손실뿐만 아니라 조직분위기 저하, 업무가중으로 인한 재직자의 피해도 심각하다.

  – 일부 기업은 신입직원의 조기유출 현상을 회사에 부적합한 인력을 가려내는 채용의 마지막 단계로 간주하기도 한다.

(2) 신입직원 조기유출 방지를 위한 회사차원의 제도 개선과 지원이 필요하다.

  – 신입직원의 조직적응과 성과창출을 담당 멘토와 부서장의 성과지표(KPI: Key Performance Indicator)로 관리하여 평가에 반영한다.

  – 상담기술 및 공감능력 배양 등 신입직원을 효과적으로 멘토링하기 위한 교육훈련도 강화한다.

(3) 신입직원들은 입사 초기에 선배들 중 자신의 성장모델을 설정하고 자신의 역량을 키워 나가는 자세를 갖출 필요가 있다.

  – 신입직원들은 본인의 장점과 단점을 분석해 3년, 5년, 10년 후의 성장모델을 설정한 후, 경력관리를 위한 장단기적인 계획을 마련한다.

  – 현재 업무가 본인의 역량에 부적합하다고 인식되더라도 향후 성장을 위해 필요한 과정을 생각하는 긍정적 자세도 필요하다.

2. 신입직원 대학교육 문제

지난해 10조 원대의 매출을 올린 A대기업의 강 모 사회공헌팀장은 얼마 전 신입직원에게 일을 시켰다가 실망했다. 연말을 앞두고 새롭게 해볼 만한 사회공헌 프로그램을 짜보라고 했더니, 이 신입직원은 다른 기업들이 하고 있는 봉사활동들로만 짜깁기해 만든 보고서를 들고 왔던 것이다.

강 팀장은 "보고서는 A4용지 20장이 넘을 정도로 두툼했지만 새로운 내용은 하나도 없었다"며 "명문대 출신에, 어학성적과 학점도 완벽한 신입직원이었는데 독창적 생각은 없고 인터넷 검색 능력만 발달된 것 같았다"고 말했다.

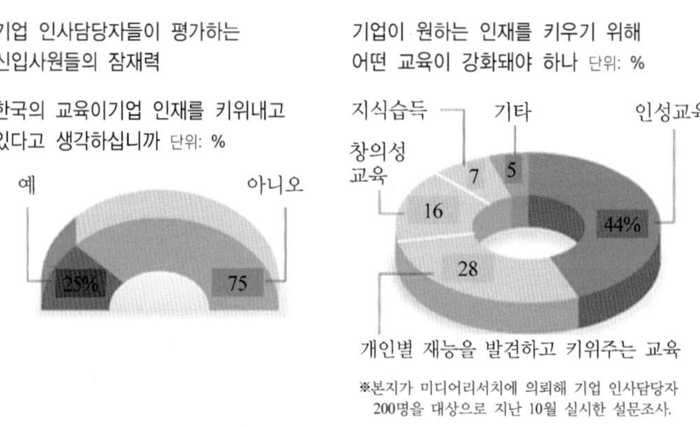

국내 재계 10위권인 B그룹에선 올해 초 명문대 경영대 출신의 C씨를 뽑았다가 애를 먹었다. 학점은 100점 만점에 90점을 넘었고, 토플은 만점에 가까운 점수를 받은 사원이었다. 하지만 그는 인사팀, 마케팅팀 등 근무하던 팀만 3~4개월 단위로 계속 바꿔 달라고 하다가 결국 회사를 떠났다.

회사 관계자는 "외관상 요건은 화려했지만 막상 일을 시켜 보면 다른 신입직원과 남다를 게 없는 고만고만한 사원이었다"며 "오히려 직장생활의 핵심인 인성(人性)은 제대로 갖춰지지 않은 채 직장에 요구하는 것만 많았다"고 말했다.

인재 배출의 산실(産室)인 대학을 막 나온 젊은이들을 접하는 기업들은 한국 대학교육이 얼마나 부실한지를 가장 먼저 체감한다. 기업 인사담당자들은 "요즘 신입직원들은 학벌·학점·자격증 등 스펙은 화려하지만 정작 기업이 필요한 창의력이나 문제해결능력 등 알맹이는 제대로 갖추지 못했다"고 말한다.

국내 대형 건설사인 D사 이 모 인사팀장도 최근 2주 동안 신입직원 교육을 하면서 비슷한 경험을 했다. 10년 뒤 D사가 해볼 만한 신(新)사업을 정해 발표하라는 과제를 던져주고 조(組)별 토론을 시켰는데, 다들 새로운 아이디어는 못 내면서도 남이 낸 아이디어 깎아내리기에만 열중했다. 이 팀장은 "서울대·연세대·고려대 등 소위 명문대를 나온 사원일수록 기존 지식을 동원해 비판하는 데만 능숙하고, 참신한 아이디어는 내지 못했다"고 말했다.

본지가 지난 10월 미디어리서치에 의뢰해 기업 200곳을 대상으로 실시한 설문조사에서도 응답자의 75%가 현재의 한국교육이 기업에서 필요로 하는 인재를 키워내지 못하고 있다고 응답했다. 자본주의 4.0시대에 필요한 인재를 키워내기 위해선 인성교육(44%)과 함께, 개인별 재능을 발견하고 키워주는 교육(28%), 창의성 교육(16%) 등이 강화돼야 한다고 응답자들은 밝혔다(조선일보, 2011.12.6).

3. 직장에서 신입직원 만족도

지난해 신입직원들에 대한 인사담당자들의 만족도 점수는 중상 정도 수준인 것으로 나타났다.

취업포털 잡코리아(www.jobkorea.co.kr)가 국내기업 인사담당자 391명을 대상으로 자사에 근무 중인 신입직원들의 만족도에 대해 설문조사를 실시했다. 그 결과 10점 만점에 평균 6.7점으로 집계됐다.

신입지원에 대한 인사담당자들의 만족두는 나쁘지 않았다. 8점을 부여한 인사담당자가 전체 24.0%로 가장 많았으며, 이어 '7점'이 22.5%, '6점'이 14.6% 등의 순이었다. 인사담당자 10명 중 7명 이상인 76.2%가 6점 이상의 점수를 매긴 것이다.

신입직원들에 대해 가장 만족하는 부분으로는 '일에 대한 열정'이 45.3% 비율로 가장 높았다. 이어 △컴퓨터 활용능력(24.6%) △높은 업무능력(8.2%) △글로벌 소양(4.6%) △창의적인 아이디어(4.1%) △SNS에 대한 높은 이해도(3.1%) △성실

함(2.6%) △기타(7.7%) 순으로 조사됐다.

반면 가장 불만족스러운 부분에 대해서는 '인내심과 끈기'를 꼽았다. 전체 33.5% 비율로 가장 많았으며, 이어 △업무능력(15.3%) △소통능력(14.6%) △일에 대한 열정(14.1%) △모든 것을 상사의 지시만 따르려는 자세(12.0%) △앞뒤 안 가리는 넘치는 의욕(3.8%) △기타(6.6%) 순으로 나타났다.

한편 인사담당자들은 신입직원들의 빠른 회사적응을 위해 필요한 부분으로(*복수응답) '노력하는 모습(57.3%)'을 가장 많이 꼽았다. 다음으로 △자기계발을 통한 업무능력 향상(41.7%) △분위기를 파악할 줄 아는 센스(29.7%) △적극적인 자기의사표현(14.8%) △겸손한 자세(10.7%) △자신감 있는 모습(10.2%) △바른 인사성(7.9%) △기타(1.8%) 순이었다.

신입직원들이 원활한 업무를 수행하기까지 소요되는 시간은 평균 5개월하고 21일로 집계됐다. 6개월 정도는 회사생활을 해봐야지 업무가 원활해질 수 있다는 얘기다(잡코리아/뉴스와이어 제공, 2012.2.12).

3-3. 자기가치개발 예비진단(적성과 흥미 이해-Sheet)

적성과 흥미 이해는 라이프플랜 설계하는 과정에서 가장 중요한 영역이라 할 수 있는 커리어, 즉 자신의 직업선택과 성장, 성취 관련이 높다. 적성과 흥미의 이해 직업은 현재의 직업이나 전공보다는 자신의 미래, 꿈과 희망을 반영할 수 있는 직업의 유형을 찾는 것이 중요하다.

NO	주제	성명:　　　직장:　　　작성일: 20　년　월		의미
1	내가 하고 싶은 분야(일)	내가 하고 싶은 분야나 일은 무엇인가?		하고 싶은 일
2	주변에서 나에게 권하는 분야(일)	가족을 비롯한 주변에서 나에게 권하는 분야나 일은 무엇인가?		권하는 일
3	학창시절 좋아했던 과목	학교에서 좋아했던 과목은?		교과목
4	전공 또는 업무지식	내가 선택한 전공이나 그동안 준비한 업무와 관련한 지식은 무엇인가?		지식
5	직업 (아르바이트)	내가 현재 또는 과거에 하고 있거나 해 보았던 직업 또는 아르바이트는 무엇인가?		경험
6	적성유형 (Aptitude)	나의 적성 유형은 무엇인가? A타입-경영자형 B타입-마케팅형 C타입-기획형 D타입-연구개발형 E타입-사무형		멘토링 적성찾기 게임참고
7				추가항목

Dia 2. 일반직원 경력개발법

　일반인재개발은 다이아몬드 두 번째 단계로 일반정규직원으로 인재개발과 업무처리 면에서 자기성장(Growing)의 단계로 멘토와 연결되어 "업무능력 향상 멘토링 활동"에 참여하게 된다.

　이 단계에서 멘토는 인성적인 면에서 지원활동으로 인간성(Humanity)을 챙기고, 상사는 업무적인 면에서 지시활동으로 생산성(Productivity)을 챙기고 CEO는 질적과 양적으로 인재개발을 통하여 조직의 인재경쟁력을 챙기는 3자의 협력(Collaboration)경영이 이루어진다.

Theme 1. 일반인재 멘토링의 필요성

Theme 2. 일반인재 경력개발 M-DCD-4S

Theme 3. 멘토링 적합성 예비진단

일반인재 멘토링의 필요성

1-1. 일반직원 멘토링 개요

1. 정의

1) 조직에 대한 경험과 업무 노하우가 풍부한 멘토가 멘제를 지도하고 조언해 주는 활동이다.
2) 업무 및 생활현장에서 상호 간 작용에 의해 학습이 이루어져서 효과가 탁월하다.

2. 일반교육 vs 멘토링

구분	일반교육	멘토링
목적	업무성과 제고/전문지식 습득	인간성 제고로 태도·마인드의 변화/성장잠재력 개발
초점	업무수행에 필요한 전문기술 습득	관계촉진으로 잠재역량개발 및 업무능력 향상
주체	내외부 전문가	멘토로 같은 타 부서의 상사 또는 자주 접하는 사람
관계	전문가와 비전문가(1:다수)	감성적인 관계와 지식 전달 포함(1:1 관계)
장소	강의실, 교육기관	생활 및 업무현장, 직장 내외부
기간	단기적	장기적

3. 멘토링의 업무능력 향상 3가지 기능

1) 업무적 경력개발 기능
(1) 도전적 과제수행
(2) 회사 및 개인적 경력목표

2) 개인적 인간성 지원 기능
(1) 인성지원으로 카운슬링
(2) 진로지도 등 상사역할 모델

3) 구성원 학습기능
(1) 현 직무, 조직문화학습
(2) 전문지식이나 기술학습

4. 경력개발 수단으로서의 멘토링

1) 종류: 일반직원 업무능력 향상/경력개발수단/리더십 역량개발/핵심인재 육성/ 지식 이전 등
2) 직장인 이직원인: 자기계발 및 경력개발 기회의 부족(33%), 수행업무에 대한 불만(10%)
3) 경력개발: 개인이 입사 시부터 퇴직할 때까지 경험하는 직무수행 과정에서 실행하는 모든 자기개발 활동, 즉, 조직 내에서 개인의 역량을 개발하는 종합적인 과정

5. 멘토의 역할: 조력자

인간성을 우선으로 구성원들이 자신의 적성에 맞고 미래비전을 달성할 수 있

는 분야를 선택할 수 있게 도와주고 구성원들이 경력개발에 대한 지속적인 개선
노력을 할 수 있도록 자신감을 준다.

6. 멘토의 요건

1) 인간성을 바탕으로 진로지도와 커뮤니케이션 능력향상을 도와준다.
2) 학습촉진능력(Learning Facilitator): 멘제가 스스로 학습하고 문제해결할 수 있도록 도와준다.
3) 진실한 마음과 열정(Genuine Interest & Commitment): 진실성, 신뢰성, 열정
4) 교수, 코칭, 상담, 경청, 코디네이터 등 기술 제공
5) 조직의 역사, 문화적 배경에 대한 지식
6) 업무에 대한 풍부한 지식, 역량, 경험은 기본

7. 직속상사를 멘토로 선발할 경우 장단점

장점	1. 접촉빈도를 높일 수 있다. 2. 쉽게 친근감을 느낄 수 있다.
단점	1. 업무관계로 묶여 있어 멘토링 본연의 역할을 충분히 하지 못할 가능성이 있다. 2. 직속상사라 개인적인 문제를 털어놓기가 오히려 어려울 수도 있다. 3. 부서 이동 및 이직 고려 시 쉽게 접근 불가하다.

8. 멘토링의 생명은 커뮤니케이션

1) 멘토로서의 활동을 강화: 멘제에게 분명한 목표의식을 부여한다.
2) 10-60-90의 법칙: 특정한 메시지를 '말'로 전달할 경우에는 상대방이 10% 정도만 기억하고, 직접 시범을 보여 주며 설명할 경우에는 60% 정도를, 또 상대방과 함께 행동하면서 설명할 경우 90% 정도를 기억한다.
3) 대화의 힘을 적극 활용: 대화(dialogue)=dia+logos(의미가 흐르는 과정) 상호 학습을 목적으로 말하는 것과 듣는 것의 균형을 이루는 쌍방향 커뮤니케이션

4) 정기적 만남: 미팅주기를 습관화

5) 진지하게 고민하는 멘토, 발전하는 멘제

9. 인사부서의 역할: 멘토링 조정자(Coordinator) 및 촉진자(Facilitator)

10. 멘토 활동평가(부서원 평균점수)→보상

1-2. 직장인의 자세 점검사항

조직에서는 멘토/멘제의 개인별 선호조사 양식, 성격매칭 등 몇 가지 미리 짜인 기준에 따라 멘토-멘제 매칭을 한다. HR부서에서는 이전의 멘토링 프로그램에 관여한 직원에 대한 설문을 통해 일반직원의 다섯 가지 주요 멘토링 주제를 선정했다.

1. 업무능력 멘토링 5가지 주제 점검사항

1) 업무·경력

멘토가 멘제의 성장을 돕게 되면 후계자를 키움으로써 자신도 승진기회가 높아지는 이익도 생길 수 있다. 또한 멘토를 역할모델로 보고 그에게서 이익도 생길 수 있다. 또한 멘토를 역할모델로 보고 그에게서 직접적인 지원·조언을 받게 되는 멘제 역시 경력목표를 이루는 데 도움이 된다.

2) 자기개발

멘토들은 멘제로부터 새로운 관점과 아이디어를 얻어 자기개발에 활력이 될 수 있다. 보험영업직 사원들이 멘토링 활동을 할 때 더 높은 실적을 낸다는 조사 결과도 있다.

3) 학습경영

학습에 있어서 인간관계는 매우 중요한 역할을 한다. 또한 멘토는 멘제에게 보

다 집중된 학습을 제공하여 실생활에서 관리 및 리더십 테크닉을 익힐 수 있게
해준다.

4) 동기부여

멘토는 성공적인 멘제를 통해 조직에 기여했다는 자부심을 가지게 되고, 멘제
는 자신을 믿어주는 멘토가 있다는 사실에 동기부여가 된다.

5) 네트워크

멘토가 멘제에게 다른 상급직원들을 소개시켜줌으로써 멘제의 사내 인적 네트
워크 형성에 도움을 준다.

2. 직업인으로서 5가지 기본사항 점검사항

1) 직업인의 기본자세

무엇보다도 먼저 폭넓고 원만한 인간관계 바탕 위에 업무추진이 필요하다. 인
간관계는 일의 밑바탕이자 정보의 원천이 된다.

2) 직업인에게 필요한 것들

지식(Knowledge), 태도(Attitude), 기술(Skill), 습관(Habit), 창의·혁신(Innovation)
등 5가지를 갖추어야 한다.

포인트	내용	세부실천사항
지식(K)	이론으로 무장한다(안다).	① 경영에 관한 지식 ② 마케팅, 업무기법 지식 ③ 상품, 시장, 경영방침에 관한 지식
태도자세(A)	습득한 지식을 실천하려는 의지를 갖는다(할 수 있다).	① 접근에 모든 지식을 적용한다. ② 제시에 응용한다. ③ 마무리에 응용한다.
업무기술(S)	반복적인 실천, 교정하여 몸에 배도록 한다(늘 한다).	① 어설프지 않게 확실히 익히고 실행한다. ② 습관화하고 몸에 익힌다.
습관(H)	강인한 정신력, 실행력, 성실성을 습관화한다(생활화한다).	① 목표달성 의식을 갖게 되고 실행하는 성격으로 바뀐다. ② 적극적 사고와 행동을 체질화한다.
창의핵심(I)	문제의식, 개선의식으로 독창적 노하우를 만든다(창조적으로 변화시켜 간다).	① 검토·분석하여 문제점을 찾고 바꾼다. ② 새로운 아이디어를 짜낸다. 독창적 기법을 연구, 창안해 낸다.

3. 프로 직업인 각오

1) 101% 노력: 101% 노력하지 않으면 100%의 노력이 '0'이 될지도 모른다. 보고서를 설명하기보다는 빔 프로젝트, 견본 등을 보여 주는 것이 성공률이 높다.

2) 철저한 직업의식: 일에 생명을 건다. 결과에 승부를 건다.

3) 완전추구: 마지막 순간까지 온 힘을 다한다. 높은 목표를 세워 도전한다.

4) 인기 능력관리: 자기의 능력을 닦아 나간다. 자기 일에 긍지를 갖는다.

5) 자기계발: 메모하는 정신과 수치화하여 자료를 활용한다. 틈나는 대로 공부하고 누구에게서나 배울 점을 찾는다.

4. 프로직업인 자세

직장인은 경영의 목표를 그 직무에 따라서 나누어 가지고 있다. 경영의 최종목표는 '돈을 버는 것', '이윤'을 창출하지 못하는 직장인은 존재가치가 없다고 하겠다. 직장인의 평가는 회사의 이윤을 몇% 창출하는가에 집약된다. 모든 경영은 돈을 벌기 위해 존재한다는 것을 자각하라.

1) 자기 분야에서 이익은 오르고 있는가, 마이너스 요인은 없는가를 늘 생각한다.

2) 목표는 집념을 가지고 달성시켜라.

3) 목표미달은 관리자의 부끄러움으로 알라.

4) 부하의 목표미달은 모두 관리자의 책임임을 자각하라.

5) 언제나 효율을 자각하고 업무개선에 노력하라.

6) 모든 비용에 지대한 관심을 가지고 매일매일 그 비용을 줄이는 데 최선을 다하라.

7) 모두가 일심동체가 되어 어려운 일에 도전하라.

8) 정보감각을 닦고 정보망을 가져라.

9) 이윤추구를 위해 움직이고 머리를 사용하고, 정열을 불태워라.

1-3. 멘토링 사례

1. 듀폰코리아 멘토링 사례

근무 20년을 맞은 김숙경 듀폰코리아 부장은 두 달에 한 번씩 다른 부서의 5년차 여직원과 점심을 같이한다. 이 둘은 개인적으로 친분이 있던 관계는 아니다. 이들은 듀폰코리아가 지난해 7월부터 본격적으로 펼치는 '멘토링(Mentoring) 시스템'으로 맺어진 인연이다.

성공적인 사회생활을 위한 지침서나 처세서에서는 '당신의 멘토를 만들라'는 주문이 거의 빠지지 않는다. 하지만 막상 직장 내에서 건전한 '멘토와 멘제(멘토링을 받는 사람)'의 관계를 만드는 것은 쉬운 일이 아니다.

듀폰코리아는 지난해 직원들이 자발적으로 '멘토위원회'를 조직했다. 지난해 5월 본인이 멘토가 되고 싶거나 멘도를 필요로 하는 직원들의 신청을 받아 현재 25개 팀이 자율적으로 활동하고 있다. 나이젤 버든 듀폰코리아 사장도 4명의 직원에게 멘토링을 해줄 정도로 회사의 기대와 관심이 크다.

김 부장이 자신의 멘제로부터 받는 가장 많은 질문들은 경력관리이다. 아직 미혼인 김 부장의 멘제는 여성으로서 직장에서 어떻게 경력을 쌓아가고 어떤 능력들을 개발해야 하는지에 관심이 많다. 또 상사와의 관계에 대해서도 자주 조언을 구한다.

김 부장은 "나의 경험을 바탕으로 실질적인 도움을 주려고 노력한다"며 "나 역시 멘제를 통해 20대의 사고방식과 관심사를 배우고 상사로서 어떻게 행동해야 하는지를 살펴보는 기회를 갖는다"고 말했다.

김 부장은 두 달에 한 번씩 만나고 있지만 매주 만나거나 필요할 때마다 수시로 만나는 팀들도 있다. 이들은 오는 7월까지 1년간 '멘토-멘제' 관계를 지속한 뒤 1년 뒤 또 새로운 팀을 구성해 1년간의 멘토십을 맺는다. 물론 예전의 멘토와 인연을 계속할 수도 있다.

좋은 취지로 마련됐지만 멘토십은 자칫 사내 파벌로 번질 수 있는 가능성이 있다. 이 때문에 듀폰은 워크숍을 통해 건전한 멘토관계를 논의하고 지속적으로 직원들의 반응을 살피고 있다. 멘토십에서 절대 금지되는 것은 개인적인 험담과 불평이다. 멘토가 조직이나 인사문제에 개입하는 것도 금기다. 또 멘토와 멘제의 관계는 비밀이 보장된다.

회사 측은 멘토들에게 자신의 멘제를 위해 모든 문제를 해결할 수 있다는 생각은 금물이라고 강조한다. 오히려 서로의 경험을 나누며 양쪽이 업무능력을 키우는 것이 멘토링 시스템의 장점이다. 멘토는 후배를 만나면서 리더십을 키우고 젊은 세대의 가치관을 배운다. 멘제는 자신의 미래를 탄탄하게 준비하면서 회사의 문화와 업무를 더 빨리 배울 수 있다.

듀폰은 오는 7월 1차 멘토링 시스템을 평가한 뒤 새로운 팀을 구성하게 된다. 또 외부강사를 초빙해 프로그램이 더욱 활성화될 수 있도록 적극적으로 지원할 방침이다.

2. World Bank(평가를 제대로 하는 멘토링)

멘토링 활동이 시작된 이후에도 회사 차원에서의 지속적인 관리가 필요하다. 무작정 모든 책임을 멘토나 멘제에게 일임해서는 곤란하며, 최종적인 멘토링 성과에 대한 평가뿐만 아니라 활동과정 중에 문제가 발생할 경우 회사가 과감히 개입할 필요가 있다. 노포크서던에서는 멘토링 활동이 시작된 지 3개월이 지나면 설문조사를 통해 멘토와 멘제가 제대로 연결되었는지에 대한 중간평가를 시행한다. 또한 이 회사에서는 멘토링 활동이 각각 6개월이 지난 시점과 10~11개월이 지난 시점에 2회에 걸쳐 멘토링 진행상황에 대한 평가와 피드백을 제공한다고 한다. 이러한 중간평가 과정을 통해 이 회사는 멘토링의 성공적인 운영을 촉진하고 있다.

또한 세계은행에서는 아래의 도표와 같이 일정 시점을 주기로 멘토와 멘제를 대상으로 각각 4단계에 걸친 설문조사를 실시하고 있다. 이때 주요 평가내용으로는 만나는 횟수, 멘토의 역할수행 정도, 역량개발 정도, 멘토링 제도에 대한 만족도나 향후 개선되어야 할 보완점 등이 있다. 또한 멘토링이 종료되는 시점에는 외부 컨설팅 회사에 의뢰하여 멘토링 효과에 대한 보다 심층적인 평가를 실시하여 향후 멘토링 프로그램의 개선활동에 반영하고 있다고 한다.

World Bank 평가효과성 프로세스 모델

Step	Contents
Step 1 1단계	-정기적 만남의 정도 -진척상황에 대한 개괄적 현황조사 -멘토링 시작 2개월 후 실시 -멘토와 멘제 모두에게 질문
Step 2 2단계	-멘토링 활동에 대한 서면평가 -주요 평가항목 1) 전문지식 이전, 2) 경력개발 계획, 3) 조직문화 주입, 4) 대인관계 기술
Step 3 3단계	-육성 목표 달성도 평가 -개발 목표 달성도 평가
Step 4 4단계	-최종적으로 멘토링을 통해 무엇을 얻었는지에 대한 평가 -외부 컨설팅 기관 활용 -멘토와 멘제 모두 평가

일반인재 경력개발 M-DCD-4S

멘토링은 조직 내에서 개인이 경력(Career)개발을 하는 데 있어서 상당한 영향을 미칠 수 있다. 경영학자인 맥신 돌턴(Maxine Dalton)은 다음 도표와 같이 조직 내에서 개인이 경력개발을 하는 과정을 4단계로 구분했다. 먼저 1단계는 상사에게 전적으로 의지하는 의존단계 Dependence Step이며, 2단계는 서서히 스스로 할 수 있는 일을 찾아가는 독립단계 Independence Step이다. 또 3단계는 후배사원에게도 도움을 주기 시작하는 멘토와 협력단계 Collaboration Step이며, 마지막 4단계는 조직 내에서 완전히 자립하는 영향력단계 Influence Step이다.

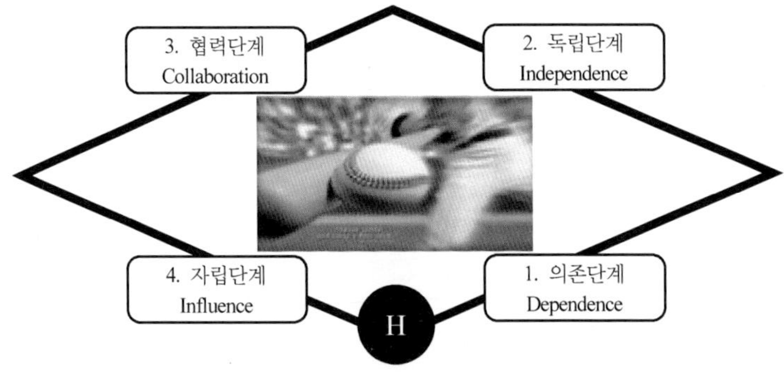

경력(Career)개발 다이아몬드 M-DCD-4S 모형도

1) 단계: Step 2는 일반직원대상 Diamond 인재개발의 두 번째 단계다.

2) 내용: 다이아몬드 업무능력 향상을 통한 인재개발 목표를 달성한다.

3) 내용: 업무능력 향상을 통한 M-DCD 4S 기법 경력개발을 초점으로 한다.

4) 기간: 멘토링 활동 12~24개월 기간으로 설정한다.

5) 사례: 듀폰코리아 경비업체 경력개발 멘토링

2-1. 경력개발 멘토링의 필요성

'경력개발 멘토링'은 왜 필요하며 관심을 가져야 하는가? 그것은 조직에 몸담고 있는 조직구성원으로서의 자신과 조직의 경쟁력 향상에 필수적이기 때문이라는 근거들이 많이 나타나고 있기 때문이다.

종신고용 또는 연공제로 대표되는 평생직장 개념의 약화로 노동시장이 보다 유연해지면서, 직장인들의 경력개발에 대한 관심과 노력이 점차 커지고 있다. 치열한 경쟁환경 속에서 회사를 그만두더라도 살아남을 수 있는 자신만의 전문영역 또는 능력을 개발해야 할 필요성을 느끼게 된 것이다.

또한 최근 직장인들의 회사선택에 대한 가치관의 변화는 이러한 관심을 더욱 높이고 있다. 이제 사람들은 더는 단순히 경제적 만족을 충족시키기 위해 회사를 선택하지 않으며, 자신의 잠재력을 맘껏 펼치고 삶의 질을 높일 수 있는 조직인지 여부를 최우선으로 고려하고 있다.

최근 동아일보가 DBM코리아와 공동으로 실시한 설문조사 결과를 통해서도 이러한 경향을 확인할 수 있다. 즉, 국내 직장인들은 이직의 가장 큰 원인으로 자기개발 및 경력개발 기회의 부족(33%), 수행업무에 대한 불만(10%) 등을 꼽고 있었다.

1. 경력개발의 활용 필요성

경력개발이란 개인이 입사 시부터 퇴직할 때까지 경험하는 직무수행 과정에서 실행하는 모든 자기개발 활동이라고 정의할 수 있다. 즉, 조직 내에서 개인의 역량을 개발하는 종합적인 과정이라고 할 수 있다.

이는 조직구성원 입장에서는 자신이 설정한 경력목표를 달성하기 위한 활동이며, 조직 입장에서는 구성원의 잠재력을 개발, 성장시켜 나가는 종합적인 인재개발 활동이라고 구분할 수 있다. 경력개발 활동은 조직구성원에게 전문기술 확보, 안정적 자기개발, 시장가치 증대 등 이점을 제공한다. 경력개발에 대한 중요성이 증대되면서, 이에 대한 조직들의 인식도 변화하고 있다. 즉, 단순히 수직적 신분 상승(승진 등)의 기회를 제공한다는 차원을 벗어나, 핵심인재, 확보유지, 인적자원의 효율적 활용, 후계자 육성 등 보다 전략적 관점에서 경력개발을 활용하려는 움직임이 늘고 있는 것이다.

2. 경력개발 멘토링 활동의 효과

경력개발이란 조직구성원의 입장에서 자신의 '인생비전을 달성해 나가는 일련의 과정'이며 조직의 입장에서는 '구성원의 잠재능력을 개발시키는 종합적인 인재개발 활동'인 것이다. 이러한 '경력개발 활동의 효과'는 무엇일까?

  1) 조직구성원의 역량개발 및 전문가로서의 능력 향상

  2) 장기적이고 안정적인 자아실현으로 직장 몰입도 향상

  3) 우수인재의 양성으로 조직의 대외 경쟁력 증대

  4) 조직의 핵심인재의 확보 및 인적자원의 효율적 활용

  5) 조직의 차세대 리더 및 후계자 양성 가능 등

2-2. 맥신 돌턴의 경력개발 4단계

1. 경력개발의 효과적인 모델 4단계

경력개발에 대한 이론을 잘 설명한 경영학자 '맥신 돌턴(Maxine Dalton)'이 강조하고 있는 '경력개발의 효과적인 모델 4단계'는 다음과 같다.

Step 1. 의존단계 Dependence	업무능력향상을 위한 전적으로 의존하는 단계로 이 단계에서는 비교적 단순한 업무만을 수행하면서 업무를 배우는 단계이다. 이 단계는 신입직원에서부터 한 직급이 올라간 후 일반지원단계로 보면 좋을 것이다.
Step 2. 독립단계 Independence	차츰 전문가로서의 기술적 역량을 발휘할 수 있는 단계로 이 단계에서는 스스로 전문적인 기술을 익히며 펼쳐가는 독립성이 형성되며 점차 능력이 커가면서 창의적인 능력발휘도 시작이 된다. 이 단계에서는 멘제의 역할과 함께 상사인 멘토의 역할을 담당하게 되며 동시에 중간 관리자 역할도 병행해야 하므로 인간관계에 대한 갈등을 특별하게 많이 경험하게 된다.
Step 3. 협력단계 Collaboration	멘제에게 멘토로서 지도와 모델링을 하는 단계로 이 단계에서는 폭넓은 인간관계와 관리자, 지시자, 리더의 역할을 병행하면서 자신의 멤버들에게 모범적인 멘토링을 통해 부하육성의 중요한 역할을 하게 된다. 이 단계에서는 자신은 물론 구성원에 대한 책임감이 증대되어 성품과 역량을 갖추어야 하는 중압감을 갖게 된다.
Step 4. 자립단계 Influence 성공	조직의 상하직급에 자신의 영향력을 발휘해 나가는 단계이며 이 단계에서의 자신의 역할 중에 가장 중요한 것은 조직문화와 조직의 전략방향을 전달하고 혁신을 이루어 가는 우수 멘토의 책임자로 양성 되는 것이다. 차원 높은 수퍼 리더십을 발휘해야하며 인재를 개발하고 육성하여 조직의 경영활동에 폭넓게 영향력을 발휘하게 된다. 이 단계에서는 파벌이나 권력다툼에 휘말릴 위험이 있으므로 멘토로서의 넓은 시야와 포용력이 요구된다.

‘돌턴의 경력개발 4단계’를 참조하여 조직에서 ‘체계화된 인재육성 경력개발 프로그램’을 운영한다면 그 조직의 경력개발은 좀 더 원활해질 것이며 조직의 경쟁력 확보가 유리하게 될 것이다. 결국 조직에서는 구성원의 경력개발을 통한 조직의 인재경쟁력 강화를 위하여 "멘토링 프로세스"의 도입이 필요인 것이다.

2. 맥신 돌턴의 4단계 경력개발 모델

구분	의존단계	독립단계	협력단계	자립단계
주요활동	비교적 단순 업부수행은 어느 정도 주도적으로 업무 수행	−전문가적 기술적 역량 발휘 −높은 기술적 완성도 −창의적으로 업무 수행	−멘토역할 수행 폭넓은 관심범위의 역량 관리 −지도지시자 역할관리자 역할에 초점	−멘토 역할조직 문화, 전략방향 협성혁신, 조직가 정신 발휘 −높은 관리리더십 능력
구성원과의 관계 특징	학습하는 부하로서의 역할 수행	부하의 학습활동에 개입하면서 상호작용하는 역할	−대인관계형성 능력제고 구성원에 대한 관심 −자신 및 타인의업무에 대한 책임 보유	−사람을 통한 업무수행 −인재선발유지 동기 부여에 주력
심리적 고려사항	부하로서의 의존자 역할에 적응	부하, 상사로서의 2가지 역할을 동시 수행하면서 갈등 경험	자신감 형성 리더십 배양	경영활동에 폭넓게 관여 권력다툼에 휘말릴 가능성

3. 윌리엄 그레이(William Gray) 교수의 5단계 인재개발 모델

구분	의존단계 M	동기부여단계 Mp	협력단계 MP	확인단계 mP	독립단계 P-M
활동 형태	멘토에게 지시받는 시기	멘토가 리드하고 지도하는 시기	멘토가 멘제와 함께 일을 수행하는 시기	멘토가 업무를 위임하는 시기	완전히 업무에서 독립하는 시기
멘제의 행동변화 특징	기술훈련 중심조직에 대한 경험 부족	학습의지가 강하고, 독립적으로 일해 보려고 하며, 약간의 주도권을 쥐고 일함	멘토와 함께 일하는 능력을 보유, 문제해결능력, 기술적 전문성 보유	업무수행에 있어서 통찰력을 보유, 독립적으로 업무수행확인을 위해 멘토에게 조언을 얻는 수준	독립적 창의혁신적 행동 스스로 멘토역할 수행

M: 멘토의 큰 영향력 대문자 표시
m: 멘토의 영향력 의식적으로 약화, 소문자 표시
P: 프로테제(멘제)의 영향력 큼, 대문자 표시
p: 프로테제(멘제)의 영향력 약화, 소문자 표시

그런데 돌턴(Maxine Dalton)이 제시한 경력개발의 4단계는 그레이(William Gray)가 주장한 멘토링 단계와 상당히 유사한 특성이 있음을 알 수 있다. 그레이에 의하면 멘토링의 활동 초기에는 멘제가 일방적으로 멘토에게 의존하지만, 시간이 지나면서 서서히 서로 협력하는 관계가 되고, 최종적으로는 완전히 독립하는 단계로 발전한다고 한다. 즉, 돌턴의 모델을 기준으로 보면, 1~3단계를 통해 멘토링을 경험한 사람은 4단계의 경력까지 상승할 수 있다는 것이다.

이 두 가지 주장을 비교해보면 결국 상사와 멘토의 지도와 후원은 조직 내 구성원의 경력개발에 있어서 유사한 패턴으로 영향을 준다는 사실을 알 수 있다.

AMS(Accountemps Mentoring Survey)라는 기관이 150여 명의 조직 임원을 대상으로 시행한 '경력개발에 있어서 멘토링이 도움이 되는가'라는 설문조사 결과를 보면, 응답자의 50%가 매우 도움이 된다고 했으며, 44%는 어느 정도 도움이 된다, 5%는 도움이 되지 않는다, 1%는 모르겠다 순으로 나타나, 약 80% 이상의 응답자가 멘토링이 경력개발에 도움이 된다는 사실에 동의했다.

4. 경력제도 성공적 도입 유의사항

‘맥킨지 컨설팅’의 21세기 인재전략 리포트인 ‘인재전쟁’이란 보고서에서도 이러한 점을 강조하고 있다. 지금은 자신과 조직의 미래를 위하여 ‘경력개발 성공적인 멘토링 시스템’ 도입에 대한 관심과 연구가 필요한 때이다.

☞ 경력개발 성공적 도입의 유의사항

1) 멘토링 경력개발에 대한 지원이 체계적이고 지속적으로 이루어져야 한다.
2) 멘토링 경력개발에 대한 정기적인 평가를 통한 성과측정이 연결되어야 한다.
3) 멘토링은 멘토의 역할모델과 목표에 초점을 두고 체계적으로 이루어져야 한다.
4) 멘토링 경력개발 프로그램은 시스템적으로 밀접한 관계를 통해 이루어져야 한다.
5) 멘토링 경력개발은 먼저 대인관계, 그리고 업무목적으로 이루어져야 한다.

멘토링 적합성 예비진단

멘토는 단순히 업무적인 지원을 떠나서 구성원들이 자신의 적성에 맞고 미래 비전을 달성할 수 있는 분야를 선택할 수 있도록 인간성(Humanity) 분야에 우선적으로 도와줘야 한다. 즉, 구성원들이 조직에 대해 주인의식을 갖고, 지속적인 업무개선 노력을 전개할 수 있도록 자신감을 불어넣어 주는 것이 멘토의 궁극적인 역할인 것이다.

전통적인 멘토링은 주로 조직구성원들의 부족한 부분을 보완해주는 기능이 중심이 됐다. 그러나 지속적인 고용이 보장되지 않는 오늘날의 조직환경에서는 이러한 기능 중심의 멘토링 활동만으로는 큰 효과를 볼 수 없게 되었다. 이제는 보다 적극적으로 구성원의 수평적·수직적 경력의 폭을 넓혀 줄 수 있는 업무능력 향상 및 경력개발을 단계별로 진행하는 멘토제도가 필요해진 것이다.

☞ 적합성 예비진단 목적: 멘토링 활동의 성공률을 높이기 위한 두 사람의 멘토링 활동 적합성 여부와 "일반직원의 업무능력 향상"에 기여도 여부를 촉진하기 위함이다.

1. 일반인재 지원 멘토의 기본역할]

1) 멘토 대상자
- 일반 직원 중에서 리더십과 전문지식이 뛰어난 자
- 상위 직급 중에서 리더십과 전문지식이 뛰어난 자

2) 멘토의 역할
멘토는 일반직원 멘제를 위하여 먼저 개인의 형식적 인격과 암묵적 인격으로
인성지원 활동을 우선하고 겸하여 인간성을 바탕으로 멘제 개인의 만족감과 인간
관계개발, 업무능력 향상, 경력개발 등의 업무 효율성에도 크게 기여할 수 있도록
자신의 역량을 최대한 발휘한다.

3) 멘토의 교육
멘토는 멘토링 활동 개시 전에 멘토링에 관한 전문교육을 수강하고 멘토링 활
동에서는 자율성을 최대한 발휘하여 먼저 자부심을 갖고 보람의식, 책임의식, 목
표의식으로 성공률을 높이는 데 기여해야 한다.
- 멘토링 전문교육과정
- 멘토/멘제 Workshop 교육과정
- 멘토링 특강교육과정

4) 멘토의 차별화
- 상사: 업무적인 지시(Indicating)=생산성 효과를 챙긴다.
- 멘토: 인간적인 지원(Supporting)=인간성 효과를 챙긴다.
- CEO: 질과 양의 균형 유기적 조직공동체로 경쟁력 강화를 챙긴다.

3-1. 멘토가치개발 예비진단

소재 1-자질테스트

소재 2-역할테스트

소재 3-섬김테스트

설문만점: 1개당(매우 좋다) 2.0-1.5-1.0-0.5-0.0(매우 좋지 않다)

참고점수: 설문내용을 이해할 수 없을 때는 1점으로 계산

현재득점: 설문 10개 합계점수

목표점수: 20점 만점-현재득점

목표관리: 목표점수 업그레이드는 미팅활동에서 다루고 계속 3개월 만에 재점검

상호협조: 멘토와 멘제는 미팅할 때 상호 간 공개리에 목표점수를 관리하면서
　　　　　도움

〈소재 1〉 멘토 자질 테스트

번호	자질(Self Quality) 개발 소재	점수
1	나는 계속 배우려는 열망과 능력이 있다.	
2	나는 사람들에게 영향력을 가지고 있다.	
3	나는 전체적인 틀을 본다.	
4	나는 책임을 질 줄 안다.	
5	나는 다른 사람을 잘 이해한다.	
6	나는 긍정적인 변화를 유도한다.	
7	나는 교양생활이 모범적이다.	
8	나는 다음에 무슨 일을 해야 할지를 잘 파악한다.	
9	나는 다른 사람을 인재로 개발하는 능력이 있다.	
10	나는 다른 사람들에게 지도자로 인정받고 있다.	
	소계	

〈소재 2〉 멘토 역할 테스트

번호	역할	역할(Role) 개발 소재	점수
1	교육	나는 멘제에 대하여 가르치기를 아주 좋아한다.	
2		나에게는 멘제에게 가르칠 수 있는 핵심 역량이 있다.	
3	상담	나는 멘제와 상담 시 내 의견보다는 먼저 경청을 잘한다.	
4		나는 평상시 멘제의 개인적인 건의에 관심을 갖고 해결에 노력한다.	
5	코치	나는 멘제와 평소 업무를 떠나 어울리기를 좋아한다.	
6		나는 휴일이나 업무시간 외에 야외나 외식 등 친교활동을 한다.	
7	후원	나는 멘제에게 칭찬 70%, 책망 30% 비율을 제대로 지킨다.	
8		나는 멘제를 우리 조직이나 기타 조직에 추천한 적이 있다.	
9	조정	나는 멘제로부터 문제해결 요청을 받을 때 최단시간에 해결한다.	
10		나는 멘제의 업무, 보직, 부서배치 등에서 조정 요청에 해결해준다.	
		소계	

〈소재 3〉 멘토 자생력 테스트

번호	구분	자생력(Self Leadership) 개발 소재	점수
1	소명 의식	멘제와 직장 체험 나누고 궁금해하는 점을 설명해준 적이 있다.	
2		내가 속해 있는 회사에 만족하며 다른 이에게도 권할 의향이 있다.	
3		조직의 구성원이 된 것에 감사하고 있으며, 멘토가 된 것도 나에게 주어진 사명이라고 생각한다.	
4	사명 의식	자신의 가족을 멘제에게 소개하고 식사를 함께한 적이 있다.	
5		멘제의 애경사에 관심을 갖고 참석한다.	
6		멘제에게 힘겨운 일이 생겼을 때, 나는 그가 찾아올 수 있는 평안한 사람이라고 생각한다.	
7		멘제가 관심을 보이는 자선단체나 봉사활동에 대해 조언을 해줄 수 있을 정도의 지식을 갖고 있다.	
8	창의 의식	멘제가 최근에 했던 고민을 알고 있다.	
9		멘제에게 학회 출판자료나 전문서적 구입을 권한다.	
10		가끔 조직 밖으로 나가서 그들과 함께 유익한 문화생활을 한다.	
		소계	

3-2. 업무가치개발 예비진단

직장에 입사해서 긴장된 수습과정을 마치고 정규직원으로 자리를 옮긴 후 자칫 긴장이 풀려 자신관리와 직장업무에 소홀할 수 있다. 아래 5가지는 전문적인 면이라기보다는 일반적으로 약간의 관심만 가지면 충분히 해낼 수 있는 내용들이다. 멘토와 멘제로서 상호 간 수시로 점검하여 업무능력 향상 방안으로 챙기기 바란다.

1. 성격개발 업무능력 향상

모든 직원이 성격이나 능력이 다르기 때문에 그 개개인의 특성을 모르고 업무를 시킨다면 적재적소의 업무능력 발휘가 힘들 수 있다. 따라서 성격유형검사인 Lynchpin, MBTI, DISC 등 검사를 통해 '나와 타인의 성격유형 알아보기', 즉 직원의 특성을 파악하면 업무능력 향상에 기여할 수 있다. 직원 및 팀에 미칠 수 있는 긍정적인 면은 다음과 같다.

1) 직원 개개인

성격유형에 따른 의사소통 방법을 배우고 갈등의 처리와 문제해결능력을 향상시킬 수 있다. 또한 상대의 성격 및 스타일을 알 수 있기 때문에 원만한 인간관계 유지 및 자신의 능력과 성격, 흥미 등을 체계적으로 알 수 있다.

2) 조직 및 팀

개개인의 업무처리 스타일과 특성 파악, 동료 및 상사를 대하는 스타일과 특성을 알 수 있어 팀 내 생길 수 있는 스트레스 및 문제해결을 쉽게 할 수 있어 팀워크가 좋아지는 장점이 있다. 또한 조직 내 개인의 특성에 맞는 역할 및 동기부여로 직무능력 향상에 기여할 수 있다.

2. 펀(Fun) 경영업무능력 향상

'펀(Fun) 경영'은 재미와 놀이를 통해 창의성을 개발하고 업무능력을 향상시키는 효과적인 방법으로 다음과 같은 이벤트를 하면 업무능력 향상에 도움을 줄 수 있을 것이다.

1) 매달 셋째 화요일 '동호회의 날'에는 회사업무를 일찍 끝내도록 독려하고 동호회 활동을 하도록 하는 등 업무 외적 인간관계에까지 신경 쓰도록 한다.
2) 분기별 뮤지컬 관람, 직원 장기자랑, 생일 맞은 임직원 월별 축하파티 등도

이색적인 이벤트를 시행한다.

3. 자기개발 지원 업무능력 향상

일반직원들의 업무능력 향상을 지원하는 프로그램을 도입한다. 어학능력을 키우기 위해 한 달에 10만 원씩 학원비를 대주는가 하면 매달 한 권씩 보고 싶은 책을 살 수 있도록 지원하기도 한다. 이 밖에 대학원 학비 지급, 10년 이상 근속 사원에 대한 석 달 미국연수 같은 혜택도 시행한다.

4. 독서경영 업무능력 향상

독서경영을 통한 재직자에게 많은 책을 읽히는 교육을 실시한다. 재직자들은 자신이 읽고 싶어하는 책을 선정하여 책을 통하여 정보와 지식을 습득한다. 본 독서경영의 목적이 재직자들에게 책을 읽히기 위함이기 때문에 부담을 주어서는 안 된다. 사람에게 투자하는 가장 기본적인 방법이 책을 보게끔 경영진이 이끌면서 도와주는 것이다. 독서량이 많은 그룹과 그렇지 않은 그룹은 문제해결의 접근방법이 다르다. 서로 토론하는 문화를 병행한다면 더욱 발전적인 회사문화가 만들어지지 않을까 생각한다. 직원들에게 지식전달도 중요하지만 지혜의 창고를 채워준다면 경영진이 가장 큰 혜택을 볼 것이다.

5. 마음경영 업무능력 향상

직원 스스로 업무능력 향상을 위하여 다음과 같은 항목을 자주 이용한다.
1) 일은 스스로 만들어 하라.
2) 문서작성 시에는 항상 주의를 한다.
3) 서류는 언제나 복사본을 준비한다.
4) 사전 찾는 습관을 길러라.

5) 근무시간에는 회사일에만 전념하라.

6) '역산감각'을 습관화하라.

7) 잔업은 즐거운 마음으로 하라.

8) 세련된 매너는 업무수행 능력을 배가시킨다.

3-3. 자기가치개발 예비진단

□ 자가현상진단 체크리스트

당신은 얼마나 건강하고 행복한 삶을 살아가고 있는가? 노후계획은 차질 없이 준비되고 있는가? 현재 생활과 관련된 다음 질문을 읽고 솔직하게 답하자.

NO	자기진단 설문항목	평 가				
		5	4	3	2	1
1	나는 100세까지 살 수 있는 가능성에 매우 기분이 좋다.					
2	삶이 깊어지면 이루고 싶은 목표가 많다.					
3	나이가 들어가도 삶의 질을 개선하기 위해서 바꿀 건 기꺼이 바꾸겠다.					
4	나는 나이에 비해 젊은 에너지가 넘친다.					
5	밤에 숙면을 취하기 때문에 매일 아침 에너지가 충만함을 느낀다.					
6	마음만 먹으면 언제든지 의식적으로 에너지를 다른 곳에 쓸 수 있다.					
7	우리 가족 병력에 대해 잘 알고 있다.					
8	우리 가족에 대한 영향력을 경감시킬 수 있는 생활방식으로 살아간다.					
9	삶의 질을 높이기 위해 평상시에도 건강관리에 신경 쓴다.					
10	현재의 건강상태에 만족한다.					
11	일주일에 4~5회 꾸준히 운동하면서 원하는 결과를 얻고 있다.					
12	식단을 보완해줄 건강보조식품을 먹고 있다.					
13	질병을 예방하기 위해 적극적으로 전문의를 찾는다.					
14	평안하고 스트레스 없는 가정환경에서 살고 있다.					
15	나의 재능을 키워주고 그 가치를 인정받는다고 생각하는 환경에서 일한다.					
16	가정과 직장환경이 나의 내면정서와 목소리를 제대로 반영해준다.					
17	나에게 유익한 여러 가지 활동이나 프로그램을 선택해서 자기관리를 한다.					
18	적극적으로 기회를 찾아나서고 새로운 것을 배우길 좋아한다.					
19	나를 든든하게 지지해주는 환경에서 살고 있다.					
20	내가 추구하는 삶의 균형을 이미 성취했다.					
21	노는 시간과 일하는 시간을 제대로 분리할 수 있다.					
22	삶이 길어진다면 그 기간을 어떻게 시간을 활용할 것인지 청사진이 있다.					

23	현재 재정상태는 100세까지 지탱할 수 있다.				
24	일하고 돈을 버는 것에 열정적이다.				
25	적절한 규모의 자산 안에서 생활하고 있으며, 정기적으로 저축을 한다.				
26	인생의 목표가 있으며, 현재 나는 계속 변화하고 발전하는 중이다.				
27	적극적으로 지역사회 공동체에 참여한다.				
28	멘토가 있으며, 나의 리더십 기술은 다른 사람을 멘토링하는 데 활용한다.				
총점					

이제 표시한 숫자를 모두 더하여 총점을 내고, 아래에서 당신의 위치를 확인해 보자.

0~35점: 브레이크를 세게 밟고 삶을 변화시키자

당신은 진퇴양난의 상황에서 현재를 거부하고 있거나, 전혀 개의치 않거나 둘 중 하나인 상태이다. 몸과 마음이 전부 문제의 늪에 빠지고 있으며 오랜 세월 삶을 방치해 자녀들과 사회에 재정적 부담이 될 것이다. 그러나 아직 상황을 되돌릴 시간은 충분하다. 당신은 앞으로 남은 시간들을 최고의 삶으로 만들 수 있다. 라이프스타일에 한 단계 도약을 이루고, 앞장에서 소개되는 "3대 변화 원칙"에 주목하자.

36~70점: 자신을 죽이는 행동을 즉시 멈추자

앞으로 살아가야 할 시간은 늘어났는데, 그 시간을 악화시키고 우울하게 만들어 가고 있다. 비전도, 목표의식도 없고 나쁜 습관만 몸에 배어 있다. 평소 유익한 습관이라고 알고 있는 것도 위기상황이 닥쳐야 마지못해 하는 당신은 인생의 목표가 되어야 할 삶의 질이 변화의 동기기 되지 못한다. 쉽게 타협하는 버릇을 버리자. 건강하고 열정적인 삶을 위해 단순하게, 꾸준히, 쉽게 생활을 바꾸어 보자. 어느새 그 모든 일이 가치 있게 변할 것이다.

71~105점: 라이프스타일을 한 단계 더 도약하자

상승과 하락이 교차하는 롤러코스트 같은 생활을 하고 있는 당신. 삶을 즐겁게

누리고 있지만, 너무 지나치게 극단적으로 치우치는 경향이 있어 아직 균형을 맞추지 못하고 있다. 분명 잘 되어 가는 일도 있겠지만, 또 다른 삶의 영역은 통제불능 상태이다. 하지만 조금만 달라지면 삶이 훨씬 쉬워지고 좋은 결과가 생겨나며 큰 재미를 찾을 수 있다. 건강은 더 좋아지고, 재정도 더 안정되고, 마음의 평화도 생긴다. 삶의 목적도 견고한 태도를 갖추게 될 것이다. 이제 당신의 라이프스타일을 한 단계 도약하자. 새로운 친구를 사귀고 새로운 열정을 찾고, 여러 가지 아이디어를 받아들여 당신이 찾고 있는 삶의 균형도 성취하자.

106~140점: 깜짝 놀랄 만한 멋진 100년을 누려 보자

당신은 지금 올바른 길을 가고 있다. 미래를 차곡차곡 준비하면서 동시에 꿈을 실현하며 살고 있다. 지금처럼 꾸준히 생활해 간다면, 그 일은 앞으로 꼭 해야 하는 것이 아니라 당신이 원할 때 선택할 수 있는 일이 된다. 건강도 잘 관리되고 있고, 성취목표도 있고, 당신 앞에 세상의 온갖 기회가 펼쳐져 있다. 당신이 가진 재산으로 즐겁게 생활하고, 젊음의 에너지와 열정으로 "인생"이라는 이름의 귀한 선물을 남는 삶에서 최대한 활용하라.

 관리인재개발

Dia 3. 관리팀장 성과개발법

관리인재개발은 다이아몬드 세 번째 단계로 관리직원인 중간지도자로 인재개발과 관리역량강화(Managing) 단계로 멘토와 연결되어 "팀장관리역량강화 멘토링 활동"에 참여하게 된다.

이 단계에서 팀장멘토는 인성적인 면에서 지원활동으로 인간성(Humanity)을 챙기고, 상사는 업무적인 면에서 지시활동으로 생산성(Productivity)을 챙기고 CEO는 질적과 양적으로 인재개발을 통하여 조직의 인재경쟁력을 챙기는 3자의 협력(Collaboration)경영이 이루어진다.

> Theme 1. 관리팀장 멘토링의 필요성
> Theme 2. 관리팀장 성과개발 M-DPD-4S
> Theme 3. 관리팀장 멘토링 예비진단

관리팀장 멘토링의 필요성

1-1. 조직에서 멘토링의 중요성

기업 등 조직에서 관리자의 위치에 있는 사람은 대부분 유능한 실무자다. 그런데 관리자의 위치에 있는 이들은 과연 모두 유능한가? 실무자로서 자신의 업무에 성과를 내고 조직에 이익을 창출했던 이들이라고 해도 관리자의 자리에서 모두가 성공하는 것은 아님을 우리는 주위에서 너무나도 많이 목격하고 있다. 업무를 능숙하게 처리하고 직원들을 효과적으로 이끌어 가는 방법, 바로 멘토링 프로그램을 통해서 모든 관리자의 고민에 대해 해결방법을 제시한다.

많은 관리자들이 자신의 역량을 펼쳐 보지도 못한 채 중도에 포기한다. 멘토링 프로그램은 '유능한 관리 팀장'이 되기 위한 기법으로 그간 국내외 관리 인재개발을 위한 많은 사례들과 연구결과를 통해 효과적으로 팀장 관리 리더십을 발휘하는 비법을 전수한다.

유능한 관리자로 거듭나는 과정은 조직을 이끌어 가기 위해 학습해 나가는 과정으로 마치 부모가 되어가는 과정과도 같다. 일상활동 속에서 직원들의 능력을 개발하고 또한 그러한 환경을 가질 수 있도록 업무를 구성해야 한다.

이번 프로그램에서 다양한 체크리스트를 통해 자신의 관리 스타일을 파악하고 자신의 성향에 적합한 조언을 따르게 된다면 반드시 조직을 성공적으로 이끄는 팀 관리자로 인정받게 될 것이다.

한국기업들은 이제 거의 팀제로 전환되었다. 대부분의 조직들은 팀제가 가진 장점을 잘 활용하고 있다. 그러나 한편으로는 팀 내에 팀원들의 직위(부장, 차장, 과장 등)가 상존하고 있고, 그 직위 때문에 역할인식 및 수행에 다소 혼동이 있는 것도 사실이다.

어떤 조직에서는 팀 내의 고참 또는 선임직원들이 자신들의 경험과 지식을 후배팀원들에게 전수해주려는 생각을 가지고는 있으나, 조직구조상 그러한 기회가 잘 주어지지 않을 뿐 아니라 스킬 또한 자신이 없다는 이유로 포기하고 만다. 의도되었건 아니건 간에 이러한 조직은 팀장이 아닌 선임직원들에게 팀원 역할 이외의 다른 중요한 역할들을 박탈한 셈이 되고만 것이다.

이러한 문제를 보완하기 위하여 팀장 밑에 파트장(또는 그룹장)이라는 회사의 공식조직이 아닌 임의 직책을 만들어 운영하는 팀조직도 있다. 이러한 문제점의 대안으로 최근 경영현장에서 멘토링 프로그램의 필요성이 대두된 것이다.

1-2. 팀장의 멘토링 필요성

어려운 경제환경에서 참된 기업경쟁력이란 무엇일까? 고도성장기에는 매출지상주의의 기업이 주류를 이루었으나, 지금의 경제 정체기에는 이익률을 중시의 기업이 늘고 있다. 이익률 향상을 위해서는 기존의 고객을 유지하고, 이탈을 방지하는 것이 긴요한 과제다.

이것을 실현하기 위해서는 종래와 같이 제품품질만으로는 차별화가 어렵다. 경쟁력의 핵심은 어떻게 내적으로 구성원의 인재경쟁력의 확보와 외적으로 고객이탈을 막아 이익률을 높일까 하는 것이다. 북미의 각 조직에서 활발하게 활용되고 있는 멘토링 리더십은 이것을 실현하는 데 큰 기여를 할 것이다.

21세기의 급변하는 경영환경 속에서 조직마다 적극적이고 능동적으로 대처하기 위해서는 리더의 새로운 역할수행에 대한 인식은 물론, 그 역할에 부합하는 역량의 개발이 필수적이다. 정보와 지식이라는 새로운 생산요소가 중시되는 디지털 경제시대에 구성원들에게 힘과 용기를 심어 주고 전문적 조언을 해주는 멘토링 리더(Mentoring leader: Mentor)가 되기란 그리 쉬운 일은 아닐 것이다.

팀조직은 학습조직이다. 그러나 팀장과 팀원이라는 역할만으로는 그 기능을 완전히 수행하기가 말처럼 쉽지 않다. 왜냐하면 팀제는 팀장에게 '완전한 조직인간'이 되기를 요구하기 때문이다. 팀 관리자이자 팀 학습의 선도자인 팀장은 팀원들의 협력이 없으면 팀 성과를 달성할 수가 없다. 그래서 자율팀(SDWT: Self-Directed Work Team)을 이야기한다. 그러나 자율팀이 될 만큼 팀원 모두가 성숙된 사람이라고는 할 수 없다. 그러함에도 팀 학습 및 성장은 팀장만의 역할이어야 하는가?

멘토링 리더십(Mentoring Leadership)은 팀 목표, 팀워크, 팀 커뮤니케이션, 문제해결, 학습 및 성장 등을 위하여 개인을 대상으로 리더십을 발휘하는 역량이다. 급변하는 경영환경에서는 조직 내에서 리더라면 누구나 멘토의 역할을 수행하여야 할 뿐만 아니라, 그 조직의 고참 또는 선임직원 또한 멘토가 되어야 한다.

그래야 팀장은 자신의 고유기능인 '팀 성과의 관리자' 역할을 마음 놓고 수행할 수 있을 것이다. 따라서 실제적으로 조직을 이끌고 있는 임원, 영업 지점장, 부서장, 영업소장, 팀장뿐만 아니라, 특히 조직 내의 경험 많은 고참 또는 선임직원에게 멘토링 리더십이 더욱 요구된다.

멘토링 리더십에는 멘토링(Mentoring)의 고유 역량과 함께 다양한 팀원들로부터 협력을 이끌어내는 조정(Coordinating) 스킬과 지위가 아닌 영향력(Personal power)을 발휘하여 성과를 이끌어내는 카운셀링(Counseling) 스킬이 포함된다.

1-3. 팀장의 멘토링 인재경쟁력

1. 멘토의 목적의 변화

현대의 멘토의 근본적인 목표는 멘제의 개인적인 성장을 촉진시키는 것이다. 패트리샤 크로스는 멘토링 관계를 멘제가 앞으로 나아갈 수 있게 길을 닦아주는 전통적인 멘토의 역할과 멘제가 더 유능한 여행자가 되도록 가르쳐주는 현대의 멘토의 역할을 비교하여 설명했다. 즉, 현대의 멘토는 멘제가 '할 수 있게(Facilitating)'

만들려고 한다는 것이다.

2. 멘토의 목표의 변화

그러나 멘토가 멘제가 무엇인가를 할 수 있게 만들려고 한다고 말하는 것만으로는 멘토의 목표를 정확하게 정의하지는 못한다. 멘토는 멘제에게 힘을 부여하는 자(Empower)이어야 한다. 힘이라는 것은 원하는 것을 얻을 수 있는 능력을 말한다. 힘(Empowerment)을 얻게 된 멘제들은 그들이 원하는 결과를 얻기 위하여 독립적으로 그들의 환경에 영향을 미칠 수 있다는 자신감을 얻게 된다. 발달심리학자인 위니콧의 말에 의하면 멘제는 이제 '독립적인 에이전시(自立)'를 얻게 되었다고 설명한다.

어떻게 멘토가 멘제에게 이런 변화를 불러일으킬 수 있는가? 멘제가 현재진행 중인 상황의 문맥에서 '지속적으로 학습하게 함'으로써 그것이 가능한 것이다.

3. 성장여행의 멘토링

로렌트는 노르만과 마이클과 함께 멘토링 관계를 여행이라는 비유를 사용했다. "멘제가 학습자로서 자기개발 여행 중에 있다고 여겨지고, 멘토는 멘제가 의사결정하고 행동을 취하는 데 있어서 선생님의 역할을 하므로 이 비유는 타당하다."

딜로즈에 의하면 멘토와 멘제는 이 여행을 해가면서 그들이 항상 나란히 걷는 것은 아니라고 하였다. 멘토는 멘제의 필요에 따라 자신의 입장을 바꾸어 나간다. 어떤 때는 멘제의 표현을 듣고 그것을 반영해줌으로써 멘제를 지원(Support)하기도 하고, 어떤 때는 멘제의 행동, 동기, 태도나 삶의 방식에 도전(Challenge)함으로써 멘제와 대립하기도 한다. 때로는 멘제 앞으로 걸어가서 멘제가 달성할 수 있는 것이 무엇인지 그 비전(Vision)을 제시할 수도 있다. 그러나 멘토는 멘제로부터 항상 암시를 받아야 한다.

그리고 멘토는 자신의 레퍼토리에서 지원, 도전, 비전 제시의 세 가지 기능을 이끌어내어 멘토링의 성장단계(확인, 성장, 분리, 상호의존의 4단계)에서 적절히 활용해야 한다.

4. 인재개발 멘토링 성공요인으로서 멘토

멘토링의 성공적 운영에 있어서 제대로 지도하고 조언해줄 수 있는 멘토의 선정이 중요하다. 부적절한 자질과 태도를 갖고 있는 멘토의 선발은 멘제에게 부정적인 회사 이미지를 심어 주거나 개발활동을 게을리할 수 있기 때문이다.

예컨대 멘토가 멘제를 경쟁자로 인식할 경우, 업무지식이나 회사방침 등을 제대로 알려주지 않을 수 있다. 또한 업무적인 일이나 서로의 관심사와 고충에 대해 진지하게 대화하는 것을 부담스러워하는 멘토도 있을 수 있다. 멘토는 세 가지 면에서 자질을 갖추고 있어야 한다.

첫째, 타인을 배려하는 인성리더십을 갖춘 사람이어야 한다.

둘째, 담당 분야에 대한 전문적 지식과 노하우를 겸비해야 한다.

셋째, 인재개발에 대한 강한 의지를 갖고 있는 사람이어야 한다. 아무리 실력이 뛰어나더라도 자신의 이익만 중시하고, 구성원들의 실력 향상에는 관심이 적은 사람은 멘토로서는 적합하지 않기 때문이다.

한 예로 World Bank사를 보면 멘토 선정 시 직속상사는 피하도록 하며, 멘토와 멘제의 스타일이나 지적 수준 등을 종합적으로 고려하여 매칭시킨다고 한다. 또한 Kimberly-Clark사도 멘토의 선정에 심혈을 기울이고 있는데 '멘토링 경험, 해당 업무 분야에 대한 전문성과 노하우, 인재육성을 통한 인재경쟁력에 대한 강한 의지'를 멘토가 갖추어야 할 핵심자질로 삼고 있다고 한다.

1-4. 멘토링 사례

1. 몬트리올 은행 멘토링(핵심인재육성)

몬트리올 은행(Bank of Montreal)에서는 핵심인재를 육성하기 위해 'Executive Advisor Program'이라는 멘토링 프로그램을 운영하고 있다. 이 프로그램의 기본목적은 핵심부문을 담당할 차세대 리더를 육성하는 것이다.

1) 도입배경

이 은행에서는 본격적인 프로그램 운영에 앞서 외부 컨설턴트를 활용한 파일럿 테스트를 실시했다. 우선 '조언자(Advisor)'라 불리는 10명의 멘토를 선발하여 이들에게 각각 2명의 멘제를 전담하도록 요구했다. 멘토와 멘제는 모두 자발적인 참여자로 구성했으며, 이들은 약 10~12개월간 3~4주에 한 번씩 만나면서 멘토링 활동을 전개했다.

파일럿 테스트가 성공적으로 끝나자 몬트리올 은행은 곧 구체적인 멘토링 프로그램 실행에 들어갔다. 이 은행이 멘토링 프로그램을 통해 추구하는 목적은 조직문화의 근본적인 개선과 구성원들의 잠재력 성장을 가로막은 현실적인 장벽을 제거함으로써 경력개발을 촉진하는 데 있었다. 보다 구체적인 목적은 다음과 같다.

- 구성원 간 인적 네트워크 및 커뮤니케이션의 증대
  - 구성원과 경영진 간의 접촉증대를 통한 상호이해의 강화
  - 전문가적 능력개발의 기회를 제공
  - 관리자늘의 리너십(인재육성능력) 강화
  - 구성원 간 지식공유의 활성화

2) 운영방식

(1) 커뮤니케이션

몬티리올 은행에서는 경영자가 직접 모든 임원들에게 자발적으로 멘토링에 참

여해 달라는 서신을 발송하고 있다. 특히 임원급으로 승진할 가능성이 높은 핵심 인재에게 프로그램 참여를 적극적으로 권고하고 있다.

(2) 매칭 프로세스

멘제와 멘토에 대한 매칭 프로세스는 멘제의 니즈와 멘토의 강점·역할에 기초하여 결정한다. 이때 기본적으로 멘토가 멘제에게 직접적인 명령권을 갖지 않도록 서로 같은 부서 사람끼리는 연결하지 않는 것을 원칙으로 한다. 또한 멘토는 멘제보다 최소한 두 직급 높은 사람으로 선발한다.

(3) 멘제의 상사 참여

멘제의 직속상사를 직접 프로그램에 참여시킴으로써 이들이 소외감을 느끼지 않도록 배려하고 있다. 이들은 멘토에게 멘제의 업무기술이나 방식에 대한 사전 정보를 제공하고, 멘제의 주된 관심사나 육성방안에 대해 설명해주는 역할을 수행한다.

(4) 오리엔테이션

본격적으로 프로그램에 들어가기 전에 멘제, 멘토 그리고 멘제의 상사를 대상으로 다음과 같이 각각 별도의 오리엔테이션을 운영하고 있다.

가. 멘제 오리엔테이션(1일)
 -프로그램의 목적과 구조 설명
 -사전 분석결과의 피드백 및 육성계획의 수립
 -멘토와 새로운 관계를 준비

나. 멘토 오리엔테이션(1~2일)
 -프로그램의 목적과 구조 설명
 -다른 멘토와 경험을 공유

-멘토, 멘제, 상사의 역할에 대해 논의

-멘토링 스킬에 대해 논의

다. 상사 오리엔테이션(브리핑 방식)

-프로그램에 대한 전폭적인 지원을 요청

-상사의 역할에 대해 논의

(5) 멘토링 프로세스

외부 컨설턴트가 6~8주 주기로 멘토와 멘제를 각각 만나서 진행상황을 점검하며, 멘토-멘제 그룹들이 서로 만나서 아이디어 및 육성방법 등을 공유한다.

2. 풀러 엔지니어링 멘토링(기술인력 확보)

미국 펜실베이니아에 있는 풀러(Fuller Company)는 건설 및 화학산업에서 이용하는 장비나 기계를 판매하는 엔지니어링 전문회사이다.

1990년 초 이 회사는 중간 관리자와 고급 엔지니어들의 대거 이직으로 인해 최대의 위기에 직면하게 되었다. 회사의 특성상 우수 엔지니어의 확보·유지가 무엇보다 중요했기 때문에 당시 20%에 육박했던 연간 이직률은 매우 심각한 상황임을 의미했다.

결국 이 회사의 최고경영자인 제이콥슨(Jscobsen)은 1995년 전문 컨설팅업계의 도움을 받아 후계자 양성제도인 'TEDP(Targeted Emoployee Development Program)'를 도입하게 뇌었나.

이 제도의 목적은 핵심인력을 대상으로 팀 중심의 멘토링 프로그램을 제공하여 리더십 능력과 기술적 전문지식을 배양하는 데 있었다. 프로그램 시행 후 이 회사는 연간 이직률을 2%까지 감소시킬 수 있었다고 한다. 풀러의 멘토링 프로그램에 대해 좀 더 자세히 살펴보자.

1) 주요특징

(1) 팀 중심의 운영

각 부서장, 인사부서 전문가, 외부 컨설턴트, 경영진으로 구성된 약 30개의 멘토팀을 중심으로 프로그램을 운영하였다.

(2) 전 구성원의 참여를 유도

프로그램의 목적 및 운영방식을 공지하여 전 구성원의 참여를 유도하였다.

(3) 프로그램의 이원화

멘토링 프로그램을 '리더십'과 '전문기술' 등으로 이원화하여 운영하였다.

(4) 경영진의 참여와 지원

매 분기마다 경영진이 프로그램의 진척도를 점검했으며, 도전적 과제 부여나 직무순환 등을 직접 주관함으로써 핵심인재들이 다양한 경험을 쌓을 수 있도록 하였다. 또한 핵심인재들의 인적사항·역량개발 정도나 상사와의 상호작용 정도를 주기적으로 점검하였다.

(5) 미래 역량개발이 목적

과거 성과평가 방식에서 벗어나 프로그램의 목적을 향후 무엇을 개발할 것인가에 맞추었다.

2) 각 부분의 역할

(1) 각 부서장

- TEDP 후보자를 추천하고 운영·활동에 대한 점검 및 모니터링을 해야 한다.
- 정기적으로 멘제들의 성과를 평가하고 매일 핵심인재들과 면담을 실시해야 한다.

(2) 인사부서

- 개별 육성목적과 회사목적과의 정합성을 평가해야 한다.

- 적절한 육성활동을 제공해야 한다.

- 프로그램을 전반적으로 운영·관리해야 한다.

(3) 외부 컨설턴트

TEDP 후보자에 대한 객관적 평가(강·약점 등)를 시행해야 한다.

3) TEDP의 진행과정

(1) 각 부서장이 프로그램에 참여할 후보자를 선정한다.

(2) 외부 컨설턴트를 통해 객관적 평가(1일 테스트, 인터뷰 실시)를 시행하고 평가결과를 각 후보자에게 피드백한다.

(3) 외부 컨설턴트가 프로그램 참가자를 만나서 육성할 부문이나 향후 계획을 논의한다.

(4) 부서장 입회하에 구체적인 육성계획을 수립한다.

(5) 인사부서 담당자와 부서장이 정기적으로 만나서 사후평가를 실시하고 평가결과에 대해 논의한다.

(6) 경영진이 분기별로 멘토링 결과를 점검하고 TEDP의 전체적인 진척도를 평가한다.

관리팀장 성과개발 M-DPD-4S

세 번째 단계는 과장~부장 등 중간지도자로서 팀장 관리인재들을 대상으로 한다. 이 단계는 활동내용도 각양각색이고 한마디로 설명하기가 복잡하지만, 초점은 팀장의 관리역량을 개발하는 것이다.

팀장 관리역량의 핵심인 성과(Performance)개발을 멘토와 협력(Collaboration)하는 방법으로 다이아몬드 4단계 M-DPD-4S 프로그램을 소개한다.

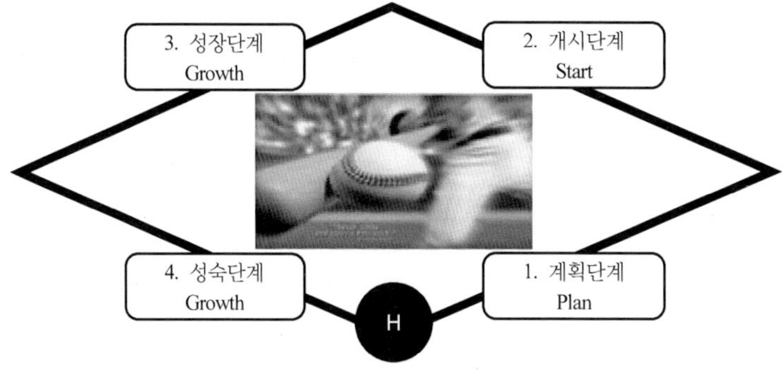

프로젝트 성과(Performance)개발 M-DPD-4S 모형도

1) 단계: 관리인재개발은 Diamond 인재개발의 세 번째 단계(Step3)이다.

2) 적용: 각 조직의 관리(팀장: 과장~부장)인재에게 적용 프로그램이다.

3) 내용: 관리역량강화 M-DPD-4S는 다이아몬드 4단계 성과개발을 초점으로 한다.

4) 기간: 멘토링 활동 12~24개월 기간으로 설정했다.

5) 사례: 몬트리올 은행, 풀러 엔지니어링

1-1. 팀장 프로젝트 성과개발발전 4Step

1. 성과개발발전 4단계 흐름표

종래의 리더십(Leadership) 이론은 강한 리더십 아래 상의하달(上意下達)식으로 행해지는 환경에서 가능했다. 그러나 융통성이 없는 데다 인간성을 무시한 측면이 있고, 또한 이것을 유지하는 데 관리비가 많이 들어 경쟁력이 떨어졌다.

이런 점을 해결하면서 업적으로 높이기 위해서는 리더의 역할도 조직의 진화와 함께 변화할 필요가 있다. 성과형 개발팀으로 전환하는 데는 다음과 같은 4가지 단계가 있으며 그 과정에서 멘토는 팀장을 인성 면에서 조언해주는 역할을 하게 된다.

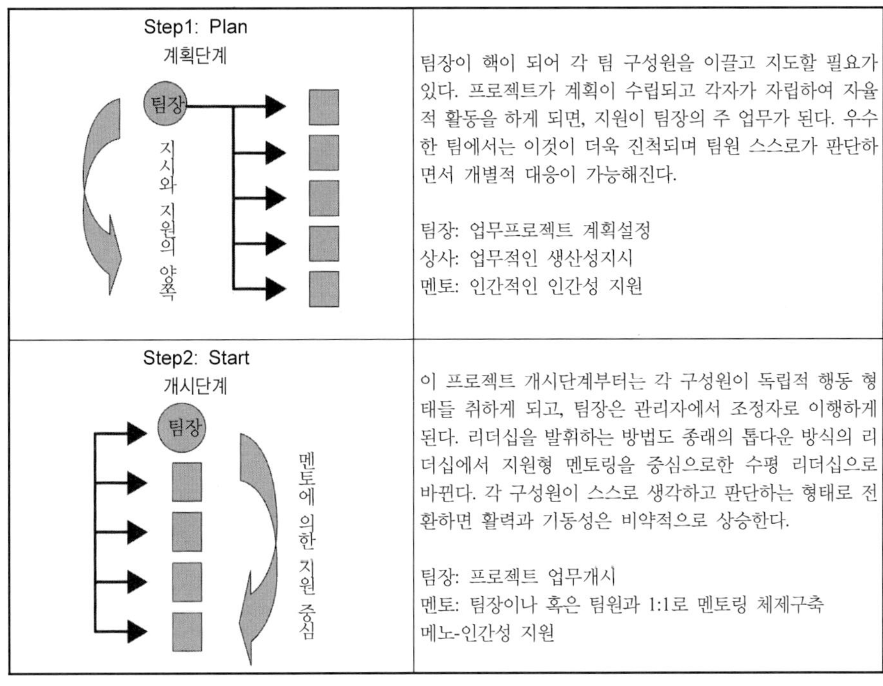

팀장이 핵이 되어 각 팀 구성원을 이끌고 지도할 필요가 있다. 프로젝트가 계획이 수립되고 각자가 자립하여 자율적 활동을 하게 되면, 지원이 팀장의 주 업무가 된다. 우수한 팀에서는 이것이 더욱 진척되며 팀원 스스로가 판단하면서 개별적 대응이 가능해진다.

팀장: 업무프로젝트 계획설정
상사: 업무적인 생산성지시
멘토: 인간적인 인간성 지원

이 프로젝트 개시단계부터는 각 구성원이 독립적 행동 형태를 취하게 되고, 팀장은 관리자에서 조정자로 이행하게 된다. 리더십을 발휘하는 방법도 종래의 톱다운 방식의 리더십에서 지원형 멘토링을 중심으로한 수평 리더십으로 바뀐다. 각 구성원이 스스로 생각하고 판단하는 형태로 전환하면 활력과 기동성은 비약적으로 상승한다.

팀장: 프로젝트 업무개시
멘토: 팀장이나 혹은 팀원과 1:1로 멘토링 체제구축
메노-인간성 지원

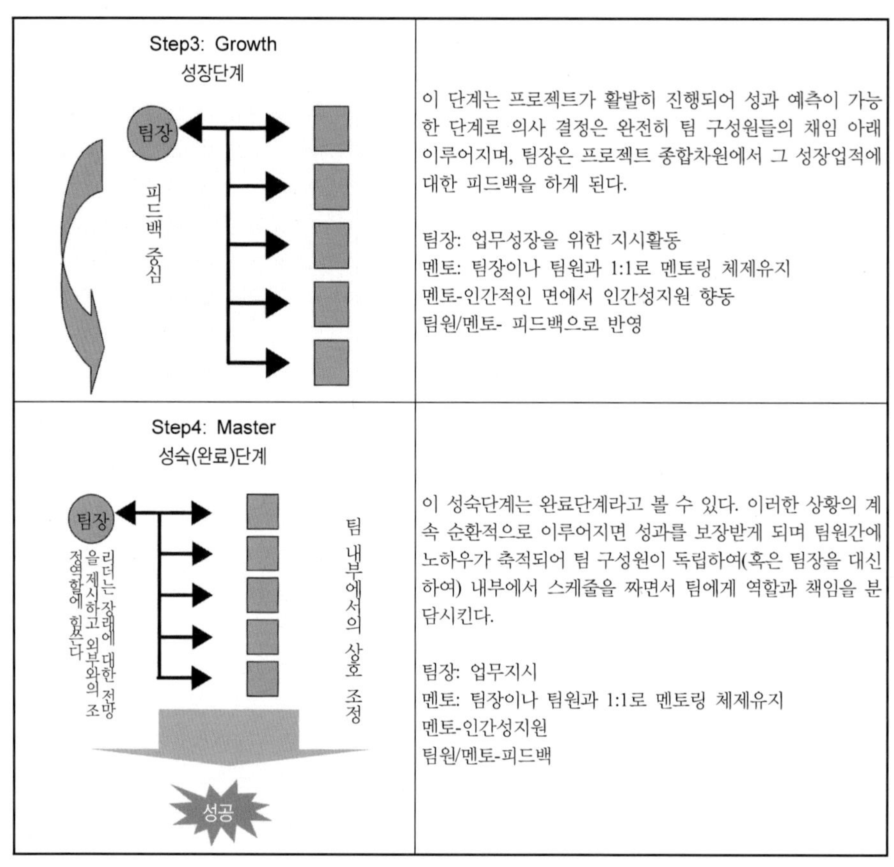

Step3: Growth 성장단계	이 단계는 프로젝트가 활발히 진행되어 성과 예측이 가능한 단계로 의사 결정은 완전히 팀 구성원들의 채임 아래 이루어지며, 팀장은 프로젝트 종합차원에서 그 성장업적에 대한 피드백을 하게 된다. 팀장: 업무성장을 위한 지시활동 멘토: 팀장이나 팀원과 1:1로 멘토링 체제유지 멘토-인간적인 면에서 인간성지원 향동 팀원/멘토- 피드백으로 반영
Step4: Master 성숙(완료)단계	이 성숙단계는 완료단계라고 볼 수 있다. 이러한 상황의 계속 순환적으로 이루어지면 성과를 보장받게 되며 팀원간에 노하우가 축적되어 팀 구성원이 독립하여(혹은 팀장을 대신하여) 내부에서 스케줄을 짜면서 팀에게 역할과 책임을 분담시킨다. 팀장: 업무지시 멘토: 팀장이나 팀원과 1:1로 멘토링 체제유지 멘토-인간성지원 팀원/멘토-피드백

2. 성과개발 멘토의 경쟁력

"멘토가 되더라도 도대체 어떤 점이 좋은지 이해가 되지 않는다"고 생각하는 사람은 없을까? 멘토가 됨으로써 최대의 이점은 뭐니 뭐니 해도 자기 자신을 개발할 수 있고 더욱 크게 성장할 수 있으며 게다가 자신의 신용과 신뢰감을 더욱 높일 수 있다. 구미에서는 이미 멘토 수당이 보급되어 있을 정도로 멘토라는 것이 널리 인식되어 있으며 한국에서도 멘토의 도입준비가 완료되는 대로 서서히 멘토 수당을 도입하는 기업이 늘어날 것이다. 또한 서양에서는 승진의 조건으로도 멘토의 경험이 중시되고 있다. GE(General Electiric)에서는 멘토의 경력이 임원급이나 최고경영자급이 되기 위한 조건으로 되어 있고, 월마트에서도 멘토링 파트너십을 중시하고 있으며, 장래의 후계자가 갖추어야 할 조건으로 삼고 있다. 앞으로 다면평가제의 도입이 확대되면 한국에서도 멘토의 경험이 중요한 경력으로 존중받을 시대가 올 것이다.

□ 멘토링(Mentoring) 파트너십

월마트에서는 자기중심적 사고를 버리고 각 그룹이 서로 존경하는 마음과 성의를 가지고 다른 사람의 성공을 위해 적극적으로 지원하도록 장려하고 있다. 아울러 장래의 리더는 이러한 것을 실현하여 회사를 성공으로 이끈 사람이 될 것으로 생각하고 있다. 이러한 생각으로 형식적으로 되기 쉬운 조직의 벽을 쌓는 대신 서로 간의 이해를 위한 대화를 함으로써 고객의 욕구변화를 날카롭게 포착하여 적절한 대응을 손쉽게 한다. 자립, 자율을 지향하는 동시에 서로 협력하는 멘토적 풍토를 키워 나가도록 배려하는 점이 성공을 위한 커다란 요인이 되고 있다. 우수한 인재를 육성, 유지하여 회사의 지속적인 성장에 크게 공헌하는 동시에 우수한 인재를 채용할 때도 큰 도움이 된다. 이러한 현장의 협력관계 구축이 회사 전체의 경쟁력 강화에 크게 공헌하고 있다.

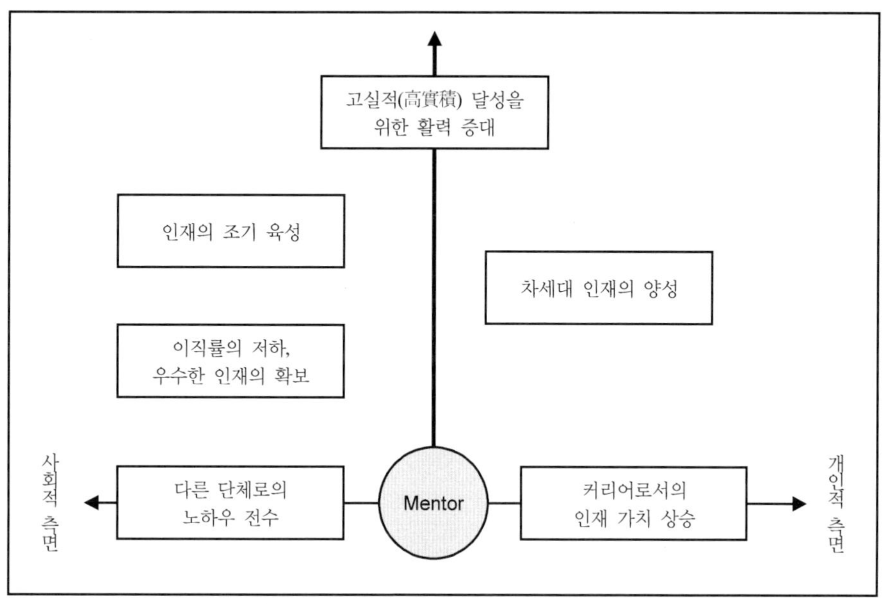

3. 성과 이익률을 높이는 고객전략

　선진 글로벌 기업에서는 일찍이 치열한 경쟁사회에 돌입하여 품질의 개선뿐만 아니라 고객만족 특히 서비스의 질적 개선에 특별한 대응을 할 수밖에 없었다.
　"전체 고객의 20%를 차지하는 고소비층이 회사의 80% 이익을 낳게 한다." 이와 같은 80대20의 법칙에서 이익률 향상을 위해 가장 효과를 기대할 수 있는 것은 단골손님과 재이용자의 확보라고 한다. 또한 고객이탈을 50% 감소시키면 이익이 배가된다고 한다. 어느 크레디트 회사는 5%의 고객이탈을 감소시킴으로써 125%의 이익증가를 기록한 예도 있다. 이때 들어간 비용은 신규고객을 유치하는 비용의 불과 5분의 1이었다고 한다. 고객이탈의 가장 큰 원인은 고객에 대한 무관심이다. 특히 고객이 불만을 느꼈을 때의 대응이 중요하다.
　"불만을 가진 고객 중 불만을 제기하여 그 해결에 만족한 고객의 해당 상품 서비스의 재구입 결정비율은 불만이 있으면서도 표시하는 않는 고객보다 높다."
　컴퍼니 굿맨(Goodman)의 법칙에서는 이렇게 주장한다. 또 불만을 가진 비호의적인 고객의 입소문의 영향력은 통상 2배 이상의 영향력이 있다고 한다. 따라서 불평을 말하는 손님은 태도를 바꿀 가능성이 남아 있기 때문에 신속히 대응함으로써 재구입률을 비약적으로 높일 수 있다.
　이것을 실현하기 위해서는 직원 만족도 개선, 사람 중심의 경영의식 전환, 권한부여에 의한 자유재량의 확대, 직원의 선별과 철저한 교육 등을 우선적으로 실천해야 한다. 그렇게 해야만 서비스의 비약적인 질적 향상을 기대할 수 있다. 그중에서도 많은 주목을 받는 것이 1:1 고객만족 마케팅의 근원인 멘토링이다.

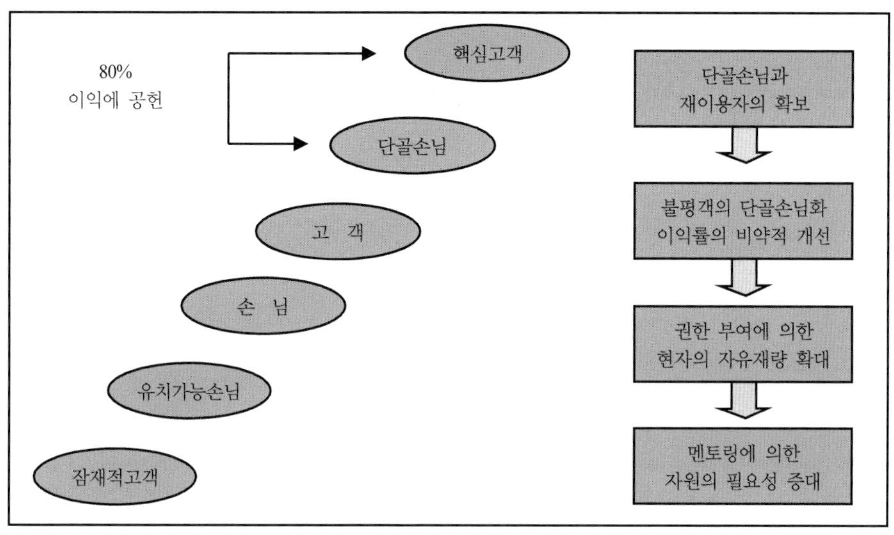

4. 팀장 성과개발 특징과 그 효과

1) 고(高)성과형 팀의 특징

1. 변혁과 리스크 도전
2. 상호 간의 학습을 중시
3. 직능 횡단적 팀 만들기
4. 지원역, 멘토를 둠
5. 업적의 피드백
6. 업적에 따른 급여체계
7. 평가팀에의 직원 참가
8. 경영정보의 개시
9. 전원이 고객과의 피드백에 참가
10. 관리직의 계층을 간수함

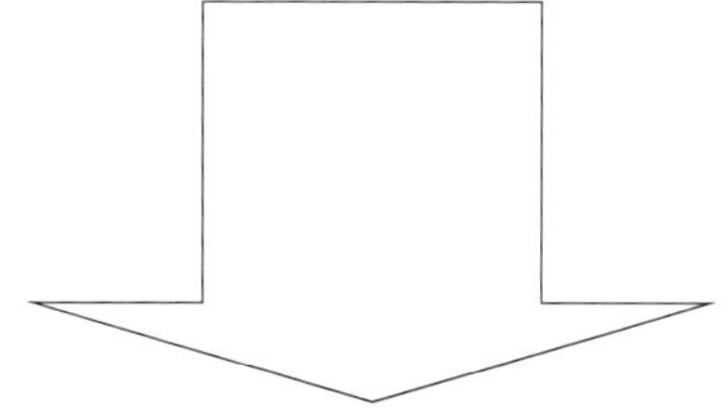

2) 그 효과

1. **경쟁력강화**
1) 관리비용 절감
2) 신속한 대응
3) 다양성에 대한 대응
4) 생산성 향상
5) 경영효율의 향상

2. **고성과–인재유지 확보**
1) 하고자 하는 마음의 향상
2) 책임감과 당사자 의식의 향상
3) 경영 마인드의 육성

3. **인재의 육성과 개발**
1) 인재의 효율적 활용
2) 커리어(Career)의 육성
3) 후계자 양성

관리팀장 멘토링 예비진단

멘토는 단순히 업무적인 지원을 떠나서 구성원들이 자신의 적성에 맞고 미래 비전을 달성할 수 있는 분야를 선택할 수 있도록 인간성(Humanity) 분야에 우선적으로 도와줘야 한다. 즉, 구성원들이 조직에 대한 주인의식을 갖고 지속적인 업무개선 노력을 전개할 수 있도록 자신감을 불어넣어 주는 것이 멘토의 궁극적인 역할인 것이다.

전통적인 멘토링은 주로 조직구성원들의 부족한 부분을 보완해주는 기능이 중심이 됐다. 그러나 지속적인 고용이 보장되지 않는 오늘날의 조직환경에서는 이러한 기능 중심의 멘토링 활동만으로는 큰 효과를 볼 수 없게 되었다. 이제는 보다 적극적으로 구성원의 수평적, 수직적 관리역량의 폭을 넓혀 줄 수 있는 인간관계, 업무효율, 리더십 개발과 특히 팀의 성과 개발을 단계별로 진행하는 멘토제도가 필요해진 것이다.

☞ 직합성 예비진단 목적: 멘토링 활동의 성공률을 높이기 위한 두 사람의 멘토링 활동 적합성 여부와 "팀장의 관리역량 강화"에 기여도 여부를 촉진하기 위함이다.

1. 일반인재 지원 멘토의 기본역할

1) 멘토 대상자
- 팀장 동급으로 리더십 및 전문지식을 갖춘 자
- 상위급 선배로 리더십 및 전문지식을 갖춘 자
- 사회공인자로서 컨설턴트, 변호사, 회계사, 세무사, 자격자, 특허자, 박사급 등과 동등의 인재
- 대학교수로서 전공에 맞는 자

2) 멘토의 역할
멘토는 일반직원 멘제를 위하여 먼저 개인의 형식적 인격과 암묵적 인격으로 인성지원 활동을 우선하고 겸하여 인간성을 바탕으로 멘제 개인의 만족감과 인간관계 개발, 업무능력 향상, 리더십 개발 등의 업무 효율성에도 크게 기여할 수 있도록 자신의 역량을 최대한 발휘한다.

3) 멘토의 교육
멘토는 멘토링 활동 개시 전에 멘토링에 관한 전문교육을 수강하고 멘토링 활동에서는 자율성을 최대한 발휘하여 먼저 자부심을 갖고 보람의식, 책임의식, 목표의식으로 성공률을 높이는 데 기여해야 한다.
- 멘토링 전문교육과정
- 멘토/멘제 Workshop 교육과정
- 멘토링 특강교육과정

4) 멘토 위 차별화
- 상사: 업무적인 지시(Indicating)=생산성 효과를 챙긴다.
- 멘토: 인간적인 지원(Supporting)=인간성 효과를 챙긴다.
- CEO: 질과 양의 균형 유기적 조직공동체로 경쟁력 강화를 챙긴다.

3-1. 멘토가치개발 예비진단

1. 당신이 멘토가 될 수 있는 이유(스티븐 스콧 CEO 세계 8대 부자)

누군가가 어떤 분야에서 진정으로 자격이 있다는 것이 확실히 밝혀지기 전까지는 그를 멘토로 삼아서는 안 된다. 따라서 당신이 물어봐야 할 첫 번째 질문은 "어떤 점 때문에 스티븐 스콧이 내 멘토 중 하나가 될 수 있지?"이다.

나는 천재적인 IQ나 경영학 박사학위나 작가나 연설가로서의 능력 때문에 멘토자격이 있는 것은 아니다. 단순히 수백만 달러를 벌었기 때문에 그런 자격이 있는 것은 더더욱 아니다. 내가 당신의 멘토가 될수 있는 이유는 간단하다.

나는 사업과 재정과 인간관계에서 불가능해 보이는 꿈을 성취할 수 있게 해주는 전략과 기술, 기법을 배웠으며 또 효과적으로 이용했다. 그래서 커다란 성공을 이루었으며 TV 홈쇼핑 업계에서 역사상 전례없는 매출기록을 기록했으며, 수천만 달러의 수입을 얻었다.

그러나 이 전략은 나뿐만 아니라 다른 사람들에게도 놀랄 만큼 효과적이었다. 당신이 이런 전략과 기술을 배우고 직업적·재정적·개인적인 꿈을 추구하기 위해 나를 멘토로 삼는다면 놀라운 효과를 보게 될 것이다.

2. 멘토에게 확인해야 할 4가지 자질

1) 자신의 분야에서 성공했는가?

나는 결코 결혼에 실패한 사람을 견혼생활 멘토로 삼으려고 하지 않았고, 사업에서 성공하지 못한 사람을 비즈니스 멘토로 삼으려고 하지 않았다.

2) 믿을 만한 자격증을 가졌는가?

오늘날 사람들은 원하는 거의 모든 분야에서 학위를 돈으로 살 수 있다. 난 가짜 학위가 있는 사람보다는 차라리 학위가 없는 사람을 멘토로 삼으려고 했다. 내

비즈니스 멘토는 **MBA** 출신이 아니다. 사실 그는 대학이라는 곳에 가본 적도 없다. 그러나 마케팅과 기업가 정신 분야의 천재이다.

3) 성실한 사람인가?

이 점을 점검하는 것은 좀 어려울 수도 있지만, 할 수 있다면 한번 해볼 만한 가치가 있다. 잠재적인 멘토에 대해 밝힐 수 있는 모든 것을 밝혀 보라. 그들은 이야기하는 것을 실천하고 있는가?

4) 당신이 원하는 성공 수준을 반영하는가?

당신이 이루고 싶은 것들과 관련해 모범적인 사람만을 멘토로 삼아라. 수백만 명의 부부들이 자신들의 결혼생활조차 행복하게 이끌어 가지 못하는 카운슬러와 상담한다. 내 친구 부인은 자격증도 없고 개인적인 경험도 턱없이 부족한 한 여성 카운슬러에게 조언을 구했다. 그녀가 받은 조언은 형편없었고 결국 이혼하고 말았다. 당신의 결혼생활과 가정에 관한 것이라면 카운슬러의 자격과 개인적 경험을 깊이 있게 점검해보기 바란다. 훌륭한 카운슬러는 더 나은 결혼생활을 원하는 부부들에게 훌륭한 멘토가 되지만 형편없는 카운슬러는 다이너마이트보다 더 파괴적이다.

3. 올바른 멘토를 찾기 위한 힌트 10

1) 어떤 분야에 멘토가 필요한가?

인간관계에서 도움이 필요한가? 직업적인 문제 전반에 걸쳐 도움이 필요한가? 경영이나 마케팅 기술 같은 특정분야에서 도움이 필요한가? 나는 인간관계 분야에 중요한 멘토가 두 명 있고, 사업적인 문제를 해결하는 데 도움을 얻는 멘토가 한 명 있다. 멘토는 결코 한 명일 수 없다.

2) 이뤄야 할 꿈에 맞는 멘토의 명단을 작성하라

꿈의 목록을 작성하고 가장 중요한 꿈부터 시작해 당신이 가장 존경하고, 통찰력, 지혜와 충고를 줄 수 있는 사람들의 명단을 작성하라. 선호도순으로 이름을 적어라. 다시 말해 각 목록의 꼭대기에는 이 세상에서 단 한 명만 고르라고 했을 때 선택할 사람의 이름을 적어야 한다. 그 사람이 당신에게 단 1분도 내주지 않을 거라고 생각한다고 해도 그 사람의 이름을 맨 꼭대기에 적어라.

3) 멘토와의 관계를 적어라

시장, 친구, 아는 사람, 친구의 친구, 전혀 모르는 사람 등등 작성한 목록 옆에 멘토와 당신과의 관계를 적어라.

4) 멘토에 대한 모든 것을 적어라

개인적인 경험을 통해 직접 알게 되었든 누군가를 통해서 알게 되었든, 그 사람에 대해 알고 있는 전부를 적어라.

5) 멘토에 대해 할 수 있는 모든 조사를 하라

그들이 좋아하는 것, 싫어하는 것, 열정을 보이는 것은 무엇인가? 일할 때나 안 할 때 시간은 어떻게 보내는가? 그들은 무엇을 통해 동기를 부여받는가?

6) 멘토를 잘 모른다면 누가 그들과 친한지 조사하라

당신이 멘토와 직접적인 안면이 없다면 멘토와 친한 사람을 찾아보자. 당신이 아는 사람이 있을 수도 있다. 만약 그렇다면 멘토와 당신의 공통점으로 아는 그 사람부터 만나 보라. 설령 아는 사람이 없더라도 멘토와 처음 만날 때 멘토가 친한 사람의 이름을 언급하면서 대화를 풀어 나가라.

7) 만나기 전에 미리 준비하라

잘 모르는 사람과 개별적으로 만나거나 전화나 편지로 접촉할 계획이라면 만나기 전에 제안이나 부탁하는 말을 준비할 필요가 있다. 우선 서로 공통적으로 아는 사람이 있다면 그 사람에 대한 이야기로 시작한다.

두 번째는 상대를 존경하게 된 이유를 이야기해야 한다.

그다음에는 간단하게 왜 이런 것들이 당신에게 중요한지, 또 어떻게 그의 통찰력이나 지혜를 당신 삶의 일부로 받아들이고 싶은지 설명하라. 마지막으로 그가 일주일에 한 번씩이나 한 달에 한 번씩 짧게라도(점심이나 아침시간, 커피를 마시거나 간단한 운동을 같이할 수 있는 정도의 시간) 시간을 내줄 수 있는지 물어 보라.

그 시간에 당신은 특정한 영역에서 당신에게 도움이 될 만한 것을 물어볼 수 있다.

8) 이제 연락해보자

개별적으로 만나는 것보다 나은 것은 없다. 당신이 선택한 잠재적인 멘토에 따라 이 전략은 가능한 것일 수도 있고 그렇지 않을 수도 있다. 직접 만날 수 없다면 차선책으로 전화를 이용하라. 개인적으로 만날 수 없거나 전화로도 접촉할 수 없을 때에는 편지를 이용하라.

어떤 방식으로 접촉하든지 간단하고 적절하게 하라. 만나볼 가치가 있는 멘토라면(퇴직한 상태가 아니라면) 이미 바쁜 스케줄이 있다. 그 사람이 앞으로 당신과 만나는 데 너무나 많은 시간을 할애해야 한다고 생각한다면, 당신의 제안을 일언지하에 거절하거나 당신을 피할 것이다.

9) 멘토를 만난 후

처음 접촉한 뒤에는 그 잠재적인 멘토가 해준 구체적인 말이나 행동에 대해 언급함으로써 간단하게 감사를 전하라.

10) 다음 사람으로 넘어가라

당신이 처음으로 선택한 사람이 부탁을 거절했다면 확실히 그 이유를 밝혀내야 한다. 그다음에는 당신이 작성한 목록의 두 번째 사람에게 이와 똑같은 과정을 반복한다.

3-2. 업무가치개발 예비진단

1. 팀장 일반역할 예비진단

‘부하직원들의 의견과 상사의 의견이 서로 다른데, 가운데에서 어떻게 처신해야 할까?’, ‘동료에서 부하직원이 된 사람과는 어떻게 관계를 맺어야 할까?’, ‘직원들을 자발적으로 일하게 하려면 어떻게 해야 할까?’

직장인들의 상사 만족도가 최악의 수준이라는 조사결과도 있다. 몇 년 전 모 기관에서 조사한 설문자료를 보면, 대한민국 직장인들이 자신의 상사 리더십에 만족하는 정도는 100점 만점에 평균 44점이라고 한다. 학점으로 따지면 낙제점이다.

상사에 대한 불만이 있다는 것은 반대로 이야기하면 직원들에게는 자신이 원하는 이상적인 상사의 모습이 있다는 이야기가 된다. 그러나 막상 자신이 상사가 되었을 때 이를 실현하기란 쉽지 않은 일이다. 머릿속에 이상적인 상사의 그림만 있을 뿐 그 그림을 어떻게 그려 나가야 하는지를 체득시켜주는 준비과정이 빠져 있기 때문이다.

팀장의 역할은 팀의 업무를 수행하는 것이 아니라, 그러한 업무를 수행하는 팀원들을 돕고 이끄는 것이다. 그러므로 팀장에게는 업무에 대한 전문성보다는 리더십이 더욱 강조된다는 것이다.

1) 직원 파악하기

벤저민 프랭클린은 직원들에게 일을 배분할 때 그들의 강점에 초점을 맞추고 선호하는 곳을 맡긴다. 팀장은 전체적으로 직원들의 성격을 분석하여 업무를 배분해야 한다.

2) 상사와 부하 사이에서 살아남기

(1) 상사의 흥밋거리를 파악한다.

(2) 문제점이 아닌 해결책 말하기, 도움을 청할 때는 혼자서 해결할 수 없을 때

(3) 직원들을 대할 때 내 권위를 내세우는 게 아닌 한 명 한 명을 소중하게 대
하기

3) 직원들과 좋은 관계 맺기

사원 한 사람 한 사람에게 잘 대했는가는 팀장이 판단하는 게 아니라 직원들이
판단한다. 먼저 이 사실을 깨달아야 한다.

4) 위임에 대한 잘못된 생각

(1) 직원들은 지금도 일이 충분히 많다. → 공동의 목표를 지향
(2) 자기주도적인 직원은 언제나 자발적이다. → 자발성 물론 중요하다. 하지만
사회는 자발성을 요구하는 게 아니라 결과만 본다. 우리가 적당히 그들에게
효율을 주기 위해 충고를 하는 것도 중요하다.
(3) 내가 하면 성공한다. → 맡김으로써 직원들을 키우자.
(4) 시키는 것보다 내가 하면 더 빠르다.

5) 변화를 맞이하는 올바른 자세

타인에게 내 자리를 뺏길 수 있다는 두려움을 버리고 위임하는 카리스마를 보
여라.

6) 극복하기

(1) 공동의 목표 설정
(2) 직원들을 결정과정에 참여시키기
(3) 현재상황을 정확히 전달
(4) 직원들을 피드백하는 상사가 나중에 사랑을 받음

7) 대화하기

(1) 엉뚱한 질문 EX) 고객을 더 화나게 하는 정책은 무엇일까요?

(2) 아니오라는 대답에는 분명한 이유가 있어야 한다.

(3) 딱딱한 상사는 싫어: 적당히 유머러스한 상사가 되어야 한다. 하지만 유머를 지나치게 많이 하면 독이 된다. 유머를 할 때는 진담, 농담을 구별할 줄 아는 농담이 되어야 한다.

2. 팀장의 존경받는 리더십 10

팀장의 목표는 존경받는 것이다. 존경이라고 하는 것은 일시적으로 사랑받는 것이 아니다. 마치 연예인이나 유명인사처럼 일시적으로 좌지우지되는 개념이 아니다. 존경받으려면 어떻게 해야 할까?

특히 업무적인 차원에서 '부하직원들의 의견과 상사의 의견이 서로 다른데, 가운데에서 어떻게 처신해야 할까?', '동료에서 부하직원이 된 사람과는 어떻게 관계를 맺어야 할까?', '직원들을 자발적으로 일하게 하려면 어떻게 해야 할까?'

팀장의 역할은 팀의 업무를 수행하는 것이 아니라, 그러한 업무를 수행하는 팀원들을 돕고 이끄는 것이다. 그러므로 팀장에게는 업무에 대한 전문성보다는 리더십이 더욱 강조된다는 것이다.

1) 팀원을 미워해서는 안 된다.
- 업무처리에 대해서는 질책을 하더라도 사람을 미워해서는 안 된다.
2) 팀원들 간에 차이는 있으나 차별은 없어야 한다.
- 공과 사를 분명히 구분해야 한다.
3) 팀원에 대한 계속적인 교육이 필요하다.
- 한 번 교육으로 끝나지 않으며 지속적인 관리가 필요하다.
4) 업무처리에 있어 일관된 모습을 보여야 한다.
- 물론 잘못된 판단을 하였을 경우에는 인정하고 즉시 수정한다.
5) 팀원의 작은 부분에도 관심을 가져야 한다.
- 표정, 옷차림 등에 관찰을 하고 관심을 표현해야 한다.

6) 팀원에 대해서 주위의 의견을 참고한다.

－동기, 옆 부서 동료, 상사들을 통해 팀원에 대한 정보를 수집한다.

7) 목표에의 의지와 전략을 제시한다.

－먼저 제시하고 난 후 부족한 부분은 팀원의 지시를 받아야 한다.

8) 문제가 있을 때 정면돌파한다.

－애로 사항을 찬찬히 이야기하고 공감대를 통해 진행한다.

9) 팀원들이 자신 있게 업무를 추진하도록 마지막에 책임지는 모습을 보인다.

－책임은 팀장이, 성공결과는 팀원에 가도록 한다.

10) 팀장은 아주 가끔 고장이 나는 철인이 되어야 한다.

－특히 근태부분은 솔선수범하는 방법밖에 없다.

3. 팀장에 대한 전문가의 한마디

• '백조'의 모습을 은유적으로 제시한다. 어떤 상황에서나 자신감이 넘치는 우아한 자세를 유지하라고 강조한다. 물 위로 보이는 백조의 모습은 여유롭고 유유히 움직인다. 절대 가라앉지 않고 쉽게 떠다니는 것처럼 보인다. 그러나 물밑에서 보는 백조의 모습은 어떤가? 물에 빠지지 않기 위해, 자신이 원하는 방향으로 헤엄쳐 가기 위해 필사적으로 다리를 버둥거린다. 바로 이것이 팀장의 자세다. 팀을 이끌기 위해 온 힘을 기울이되, 겉으로는 결코 자신감을 잃지 말라는 것이다. 팀원들에게 팀장이 안간힘을 쓰고 있다는 모습을 보이는 순간 팀원들은 동요할 것이다.

골트푸스, 『팀장의 역할』 저자

• 새로운 리더는 사람들이 행동하게 하고, 자신을 따르는 사람을 리더로 만들고, 그 리더를 변화의 원동력으로 만드는 사람이다. 리더십은 희귀한 기술이 아니며, 리더는 태어나는 것이 아니라 만들어지는 것이다.

워렌 베니스, 세계 최고의 리더십 전문가

- 지도력은 적성이 요구된다. 즉, 훌륭한 기술자나 관리자인 사람이 지도력의 적성 없이 충분한 경우는 드물다. 지도력은 또한 기초적 자세가 요구된다. 기초적 마음가짐만큼 한정하기 어려운 것도 없고 변하기 어려운 것도 없다.

피터 드러커, 현대 경영학의 거두

- 탁월한 팀장은 최소의 자원으로 최대의 성과를 올린다. 그러기 위해서는 자기 절제와 훌륭한 관리체계, 효과적인 권한위임과 피드백 요령을 갖추어야 한다.

존 어데어, 비즈니스 리더십의 일인자

- 팀장의 역할은 팀워크를 발현하는 것이다. 팀워크는 팀원이 다른 팀원과 상호작용하는 과정에서 팀 전체의 발전을 도모하는 데 도움이 되도록 업무를 수행하는 전형적인 행동패턴이다.

메러디스 벨빈, 팀 역할 이론의 창시자

- 이제는 명령만으로 직원을 움직일 수 없다. 직원은 수동적인 자세로 머물지 않을 뿐 아니라 위협이나 협박에도 동요하지 않는다. 이제 기업의 새로운 환경은 훨씬 사려 깊고 의미 있는 리더십을 요구한다.

첼 노드스트롬, 『펑키 비즈니스』 저자 겸 유럽 최고의 경영사상가

- 부하직원들에게 어떻게 일할 것인지 꼼꼼하게 말하지 마라. 단지 할 일이 무엇인지만 간단히 말하라. 그러면 부하직원들의 기발한 솜씨와 능력에 놀라게 될 것이다. 부하들의 과실은 책하면서 자기의 공은 배로 만드는 것은 부끄러움이다.

『예기禮記』 중에서 지식이

3-3. 자기가치개발 예비진단

[커리어 앵커 진단-Sheet]

커리어 앵커(Career Anchor-나의 직업의 가치관)는 닻이라고 표현하는 바와 같이 현재의 직업이나 직무와 상관없이 자신이 최종적으로 완성하고자 하는 커리어 유형을 찾는 것이므로 보는 순간 내면에 정직하게 곧바로 선택한다.

(이따금 적합) 1-2-3-4-5-6 (항상 적합)을 참고하여 선택하라.

NO	점수	진단도구
1		나는 전문성이 있어서 내가 전문가로서 남에게 조언을 해줄 수 있기를 꿈꾼다.
2		나는 다른 사람을 통솔하는 리더로서 일할 수 있을 때 성취감을 만끽한다.
3		나는 내 방식과 스케줄에 따라 일할 수 있는 충분한 재량권이 있는 일자리를 꿈꾼다.
4		나에게 업무의 보장과 안정성은 자유와 자율보다 더 중요하다.
5		나는 언제나 내 사업을 착수하기 위한 구상을 한다.
6		나는 사회에 실질적인 기여를 했다고 느낄 때만이 내일에 성공했다고 느낀다.
7		나는 대단히 힘든 문제를 해결할 수 있고, 그러한 상황에서 성취감을 얻을 수 있는 도전적인 작업을 꿈꾼다.
8		나는 개인적 일이나 가족과 관련된 일에 지장을 초래하는 업무를 맡게 되면 차라리 회사를 떠나겠다.
9		나는 기술적이고 기능적인 나의 능력을 최고의 수준으로 올려놓아야만 성공했다고 느낄 것이다.
10		나는 방대한 조직의 책임자가 되어 많은 사람들에게 영향력을 행사하는 결정을 내리는 꿈을 꾼다.
11		나는 업무, 스케줄 및 진행절차 등을 전적으로 자유롭게 정할 수 있을 때 성취감을 만끽한다.
12		회사 내에서 나의 업무보장을 위협하는 새로운 업무를 받아들이기보다는 내 자신의 사업을 키워 나가는 것이 더욱 중요하다.
13		다른 사람의 회사에서 최고경영자의 위치에 오르기보다는 내 자신의 사업을 키워 나가는 것이 더욱 중요하다.
14		나의 재능을 다른 사람을 위해 사용할 때 내 업무에서 성취감을 만끽한다.
15		나는 대단히 어려운 도전에 직면하여 그것을 극복할 수 있을 때에만 업무에서 성취감을 맛볼 수 있다.
16		나는 개인, 가족 그리고 업무를 조화롭게 수행할 수 있는 직업을 꿈꾼다.
17		내 전문분야의 업무 책임자가 되는 것이 일반업무 책임자가 되는 것보다 더 중요하다.
18		나는 한 부문의 관리자가 되어야만 성공감을 느낄 수 있다.
19		나는 업무에서 전적으로 자율과 자유를 달성할 수 있다면 성취감을 느낄 수 있다.
20		나는 자신의 안전성과 안전성이 있는 회사에서 일하고 싶다.
21		내 자신의 아이디어와 노력의 결과로 무엇인가를 만들 수 있을 때 성취감을 만끽한다.
22		더 나은 세상을 만들기 위해 나의 기술을 활용하는 것은 높은 일반 관리직에 있는 것보다 더 중요하다.

23		나는 해결할 수 없어 보이는 문제를 해결하고 불가능해 보이는 것을 가능케 했을 때 성취감을 만끽한다.
24		나는 개인, 가족 그리고 일에 있어서 필요한 조건을 균형·유지할 수 있을 때 인생에서 성공했다고 느낀다.
25		내 전문분야를 단념케 하는 업무를 맡게 되는 경우 차라리 회사를 떠나겠다.
26		내 전문분야의 업무 책임자가 되기보다는 총괄업무의 관리자가 되는 것이 더욱 좋다.
27		규칙과 속박으로부터 자유로이 내 방식대로 일할 수 있는 기회는 업무의 보장보다 더 중요하다.
28		나는 재정적으로나 직업적으로 완벽한 안정감을 가질 때 성취감을 느낀다.
29		전적으로 나 자신의 아이디어나 생각으로 무엇인가를 개발하거나 만들어내는 데 성공할 때만 성공감을 맛볼 수 있다.
30		인류와 사회에 실질적으로 기여할 수 있는 직업을 꿈꾼다.
31		나의 문제해결능력을 강하게 요구하는 업무를 추구한다.
32		최고의 경영인이 되기보다는 개인적 삶의 직업생활을 균형 있게 유지하는 것이 더 중하다.
33		나의 전문적 기술과 재능을 활용할 수 있는 업무를 함으로써 성취감을 느낀다.
34		나는 경영자가가 될 수 있는 경력에서 벗어나는 업무를 맡을 바에야 차라리 회사를 떠나겠다.
35		나는 자율과 자유의 감소가 요구되는 업무를 수행하기보다는 회사를 떠나겠다.
36		나는 안정감과 안전성을 느끼게 만드는 일을 꿈꾼다.
37		나는 내 사업을 꿈꾼다.
38		나는 남에게 봉사할 수 없는 업무를 맡을 바에는 차라리 회사를 떠나겠다.
39		높은 직책을 맡는 것보다 거의 해결하기 어려운 문제와 씨름하는 것이 내게는 더 중요하다.
40		나는 언제나 개인이나 가족문제에 최대한 지장을 주지 않는 직업을 찾으려 한다.

커리어 앵커 진단 분석표

구분	성명:				20 년 월 일				의미
채점	진단검사 문항 1~40번까지 점수를 아래 표에 표시해 보자								앵커진단 총점점수를 기입한 후 세로 열을 합산
	유형	A	B	C	D	E	F	G	H	
	문항별 점수	1	2	3	4	5	6	7	8	
		9	10	11	12	13	14	15	16	
		17	18	19	20	21	22	23	24	
		25	26	27	28	29	30	31	32	
		33	34	35	36	37	38	39	40	
	총점									
앵커 유형	8가지 앵커 유형의 이름 A: 전문성 추구형(Technical/ Functional) B: 리더십 추구형(General Mangerial Tehnical Competence) C: 자율성/독립성 추구형(Autonomy/Independence) D: 안전/안전성 추구형(Security/Stability) E: 경제력 추구형(Entrepreneurial Creativity) F: 봉사/헌신 추구형(Service/Dedication to a Cause) G: 도전 추구형(Pure Challenge) H: 삶의 질 추구형(Life Style)								참고자료

나의 주 앵커	나의 커리어 앵커 중 가장 높은 것은?	추구하는 삶의 모습
	종류: 점수: 앵커이름:	
나의 보조앵커	나의 커리어 앵커 중 두 번째로 높은 것은?	보조적인 삶의 모습
	종류: 점수: 앵커이름:	
피해야할 앵커	나의 커리어 앵커 중 가장 낮은 것은?	나에게 맞지 않는 삶의 모습
	종류: 점수: 앵커이름:	

 리더인재개발

Dia 4. CEO 임원 조직개발법

리더인재개발은 다이아몬드 네 번째 단계로 CEO를 비롯, 임원 및 최고경영자로 인재개발과 파워리더십(Leadering)개발 단계로 사내외 멘토와 연결되어 "핵심역량강화 멘토링 활동"에 참여하게 된다.

이 단계에서 멘토는 인성적인 면에서 지원활동으로 인간성(Humanity)을 챙기고, 상사는 업무적인 면에서 지시활동으로 생산성(Productivity)을 챙기고, CEO는 질적과 양적으로 인재개발을 통하여 조직의 인재경쟁력을 챙기는 3자의 협력(Collaboration)경영이 이루어진다.

Theme 1. 임원 멘토링의 필요성

Theme 2. CEO 임원 조직개발 M–DOD–4S

Theme 3. 멘토링 적합성 예비진단

임원 멘토링의 필요성

경영자원 중 가장 중요한 것이 인적자원이라면, 각 조직에서 CEO는 인력개발에 상당한 시간과 에너지를 투자할 필요가 있다. CEO는 자신의 인격과 능력을 개발하며 동시에 다른 사람들이 잠재력을 최대한으로 개발하는 데 주력해야 한다. CEO가 인력개발을 중요시하는 리더십을 발휘할 때 그는 리더십의 연장선인 멘토 (Mentor)의 역할도 감당할 수가 있어야 한다. 사실 모든 경영자는 리더인 동시에 멘토가 되어야 한다. 아울러 CEO도 자신을 재충전할 수 있는 우수한 멘토 찾는 일에 힘을 써야 한다. 이 과정은 CEO에게 멘토의 필요성을 다룬다.

1-1. CEO임원 멘토링의 중요성

1. CEO의 인재개발 멘토링

일류기업이 되기 위한 요건으로 많은 사람들이 지목하는 것 중의 하나가 바로 경영자의 탁월한 리더십이다. 기업이 나아갈 방향을 설정하고 조직과 사람을 관리, 리드함에 있어서 핵심이 되는 요소가 바로 '경영자'이기 때문이다. 그러나 오늘날처럼 핵심인재 확보를 위한 경쟁이 치열할 경우 뛰어난 리더십을 갖춘 경쟁력 있는 경영자를 확보한다는 것이 그리 쉽지 않다. 각종 연구기관의 의견을 종합해보면 이러한 인재확보 경쟁은 앞으로 더욱 치열해질 것이라고 한다. 실제로 글로벌 경영 컨설팅업체인 AT커니에서 인재확보 실태와 관련하여 실시한 조사결과에 의하면 현재 외부인재를 획득하는 것이 매우 어렵다는 응답이 80%로 나타났으며 앞으로 더욱 어려워질 것이라는 응답 역시 46%로 나타났다. 반면 앞으로 인재확보가 쉬워질 것이라는 응답은 21% 수준에 불과했다. 그런데 이러한 결과보다 더욱 비관적인 현실은 이처럼 우수한 경영자의 확보가 어려워지고 있음에도 불구하고 기업 자체적으로 인재육성을 위한 노력을 게을리하고 있다는 것이다. 국내기업으로 눈을 돌려보면 상황이 더욱 심각한다는 사실을 알 수 있다. 작년 대한상공회의소가 200여 개 제조기업을 대상으로 실시한 설문조사 결과에 의하면 조사대상 기업 중 약 70% 이상이 핵심인재를 확보하지 못하고 있는 것으로 드러났다. 이처럼 어려운 현실을 감안할 때 향후 기업을 성공적으로 이끌기 위해서는 반드시 핵심경영자 육성에 대한 지속적인 노력을 기울여야 한다. 즉, 외부인재 확보에는 분명한 한계가 있기 때문에 반드시 조직 내부에서 이러한 인재를 양성할 수 있도록 체계적인 노력을 가속화해야 한다는 것이다. 이러한 경영자 육성수단으로서 현재 선진기업들을 중심으로 활발히 운영되고 있는 것이 바로 '경영진 멘토링' 제도이다.

2. CEO를 멘토링하는 프로그램

경영진 멘토링이란 경영진들에게 1:1 전담 멘토를 배정하여 그들이 직면하고 있는 여러 문제들을 상담, 조언, 해결해주도록 하는 제도를 말한다. 이러한 점에서 결국 경영진 멘토링도 멘토링의 한 유형이라고 볼 수 있다.

사실 조직에서 경영진만큼 힘들고 외로운 사람도 드물 것이다. 자신의 고민을 털어놓을 만한 사람도 없고 중요한 의사결정을 할 때 조언을 구할 곳도 마땅치 않기 때문이다. 이러한 경영진에게 심리적 안정감을 제공하고 전문성과 역량을 키울 수 있도록 조언하고 도와주는 것이 바로 경영진 멘토링의 핵심기능이다.

해외 선진기업에서는 이러한 중요성을 인식하여 현재 점차 경영진 멘토링에 대한 활용도를 증가시키고 있는 추세다.

멘토링 서비스를 전문적으로 제공하는 국제멘토링연합의 사장인 미쉬는 "아직까지 경영진 멘토링은 우리 회사 전체 교육 프로그램의 10% 정도에 불과하지만 앞으로는 매우 큰 폭으로 증가할 것이다"라고 말하며, 향후 경영진 멘토링의 수요가 크게 증가할 것이라고 예측했다. 이를 증명하듯 해외 선진기업들의 인사관리자 중 90% 이상이 향후 경영진 멘토링의 활용이 크게 활성화될 것이라고 예측하고 있다.

HR 컨설팅 회사인 맨체스터의 조사결과에 의하면 조사대상 기업의 59%가 현재 경영진을 대상으로 한 멘토링과 카운슬링 제도를 실시하고 있다고 응답했으며 미국의 컨설팅 업체인 하이그룹(Hay Group)에서 실시한 조사결과에서도 『포춘』지 선정 500대 기업 중 25~40%(IBM, Motorola, HP 등)가 경영진 멘토링을 활용하고 있다고 응답했다. 이러한 추세에 비추어볼 때, 향후 경영자 육성 수단으로서의 '멘토링'의 비중은 점차 증가할 것으로 전망된다.

아직까지 대부분의 회사들은 임원급 이상의 인재를 육성하는 수단으로 각종 교육기관에 보내거나 단발적인 교육 프로그램에 참여하게 하는 방법을 선호하고 있다. 그러나 경영진 멘토링을 활용할 경우 이러한 전통적인 교육·훈련에 비해 상당히 많은 이점을 얻을 수 있다.

첫째, 1명의 경영진을 1명의 멘토가 전담하여 조언하고 지도해줌으로써 교육의 깊이와 강도를 높일 수 있다.

둘째, 단기적인 교육이 아니라 몇 달에서 1년 정도로 장기간에 걸쳐 교육이 진행되므로 경영자가 바람직한 역량을 갖출 때까지 지속적인 멘토가 가능한다. 특히 경영진들의 경우에는 대부분 전문지식이나 기술은 풍부하기 때문에 경영진 멘토링의 개발 역점은 주로 그들의 '행동'에 맞추고 있다. 이처럼 장기간 교육을 시행할 경우 경영진의 행동을 변화시키는 데 큰 효과를 볼 수 있다.

셋째, 실제 업무현장에서 멘토가 경영진과 동참하며 교육을 진행하기 때문에 경영진 입장에서는 자신의 업무현장을 떠나지 않고 발생하는 사안별로 조언과 지도를 받을 수 있다는 장점이 있다. 사실 회사업무로 바쁜 경영진이 외부에서 1~2주 동안 진행되는 교육에 참석하는 것은 상당한 부담일 수밖에 없으며 그만큼 교육의 효과도 떨어지게 마련이다. 그러나 경영진 멘토링은 일선 업무현장에서 실시간으로 진행되기 때문에 바쁜 업무 때문에 자리를 비우기 힘든 경영진에게 시간적으로 많은 이점을 제공해줄 수 있다.

넷째, 경영진 개개인의 교육 니즈를 충분히 고려하기 힘든 교육·훈련과는 달리, 경영진 멘토링은 개개인별로 도움이 필요한 분야나 역량을 중점적으로 개발할 수 있다는 이점이 있다. 극히 대중적인 주제를 중심으로 진행되는 일방적인 강의방식의 교육은 학습한 지식과 기술을 실제 작업현장에 적용하는 데 한계가 있다. 예를 들어 미국의 기업들은 연간 총 1,000억 달러를 교육·훈련 비용으로 투자하고 있으나, 실제 기업실무에 활용되는 가치는 투자금액의 10%도 채 안 된다고 한다. 그런데 경영진 멘토링의 경우 멘토가 경영진들에게 실제 업무수행 과정에서 필요로 하는 기술과 노하우를 직접 전수해주기 때문에 학습한 내용을 현업에 바로 적용할 수가 있는 것이다.

[경영진 멘토링의 이점]

- 직속상사와의 업무 개선, 동료와의 업무관계 개선, 대인·부문 간 팀워크 촉진
- 직무 만족 증가, 대인관계에 의한 갈등 해소, 다양한 경험을 가지고 있는 멘토가 풍부한 직관과 통찰력을 제공함으로써 의사결정의 질 향상, 자신의 강·약점에 대한 정확한 파악을 통해 자기 이해도 증가, 회사가 필요로 하는 리더십 역량·역할을 확보하는 데 기여

경영진 멘토링의 효과

회사차원의 효과	비율(%)
생산성 향상	53
품질 향상	48
조직역량 강화	48
고객서비스 강화	39
고객불만감소	34
핵심경영진 유지	32
비용절감	23
하부 사업단위 수익성 개선	22

1-2. CEO임원에 필요한 멘토링

1. 인재개발에 우수한 멘토링

교육·인재개발·퍼포먼스(Performance)에 관한 세계 최대의 회원제 조직인 미국훈련개발협회(ASTD: American Society Of Training and Development, 약 6만 5,000명의 회원)의 2003년 멘토링 결과보고에 의하면 멘토링은 '지식경영'과 '학습조직'의 두 마리 토끼를 잡는 실적을 거두었다고 발표했다. 그리고 우수한 멘토링(Superior Mentoring)에는 다음의 3단계가 있다고 말한다.

① 제1단계: 업무의 계속적 개선을 촉구하는 활동
② 제2단계: 성과 제일주의에 의거한 활동
③ 제3단계: 결과에 대해 일부를 책임지는 활동

말하자면 멘토링의 최대목표는 일상업무 과제에서 인간적인 배려를 통하여 최대한의 성과를 계속 유지하는 데 있으며, 이 성과를 올리지 못하는 것은 멘토링이라고 부를 수 없다는 것이다.

2. 경영자 멘토링 사이클

경영자 멘토링 사이클(Executive mentor cycle)의 중요한 관점으로서 다음 항목에 유의할 필요가 있다.

① 목표의 설정, 가치관, 장래의 전망, 사명이 명확하고 수정할 필요가 없는가?
② 모티베이션(Motivation)이 충분히 부여되어 있는가?
③ 커미트먼트(Commitment)로서 해야 한다는 위기의식이 높아지고 있는가?
④ 나날이 변하는 상황변화에 대해서 충분히 대응하고 있는가?
⑤ 각자의 능력을 충분히 개발하여 효과적으로 발휘하고 있는가?
⑥ 다른 부문에서의 활동방향이 정해져 있는가?

이런 점을 중시하면서 진행시키는 것이 경영자 멘토링이다. 실제로 멘토링을 진행시킬 때는 회사 전체의 흐름이나 장래의 비전을 염두에 두고 효율적이고 효과적인 어프로치(Approach)를 하도록 유의할 필요가 있다.

구체적으로는 '상급과 중간관리직의 위기의식이 확고히 높아지고 있는가?', '적절한 목표설정이 되어 있는가?', '충분한 동기부여가 이루어지고 있는가?', '커미트먼트를 할 의지가 있는가?', '충분한 노하우의 이전이 되어 있는가?', '결과에 대한 평가를 적절히 하고 있는가?' 등이다.

경영자 멘토링 사이클

STEP1 신뢰 관계의 구축 (Rapport)	·적극적인 자세로 서로 이야기할 수 있는 신뢰 관계와 지원 관계의 구축
STEP2 목표의 설정 (Goal)	·SMART의 원칙에 따라 목표와 과제를 서로 이야기하고 우선순위 확인 ·본인의 결의와 당사자 의식을 이끌어 냄 ·도전의식의 고양(高揚)
STEP3 동기부여 · 능력개발 (Motiva tion)	·목표 달성의 동기 부여, 기대감을 정학히 전달하고 있는가? ·각자의 능력이 충분히 개발되고 효과적 · 효율적으로 활용되고 있는가?
STEP4 결의 표명 (Commitment)	·가능한 모든 선택 방안을 검토하여 각 선택의 득실을 비교해서 결정 ·실행자가 스스로 이것을 실행할 결의를 표명했는지 여부
STEP5 조정 · 평가 (Evaluation)	·실행의 과정과 결과를 수시로 확인하고 조정하여 결과를 적정하게 평가한다.
STEP6 성공의 확인 · 이전 (Transfer)	·성공과 실패에서 무엇을 배웠는지 확인하고, 그 성과를 타 부서나 타 부문에서도 활용 ·현장의 의견과 문제, 직원의 의견을 끌어낸다
STEP7 반성과 도전 (Feedback)	·목표를 달성하지 못해도 의욕이 떨어지지 않게 격려한다 ·다음 목표와 과제를 서로 이야기하고 다음의 도전을 촉구한다 ·최적 조직의 재구축

또한 '시장의 변화에 대해서 적절한 조치가 신속히 취해지고 있는가?', '자기중
심적이고 보신(保身)적인 발상이 아니라 회사에 이익이 되는 방법으로 진행되고
있는가?' 등 기업 가치관을 명시하면서 확인하는 것도 중요하다.

1-3. 멘토링 사례

1. GE그룹 CEO임원 멘토링 사례

조직의 효율성을 다짐하는 멘토링 활동은 GE그룹에서 종합적인 멘토링을 성
공적으로 추진함으로써 세계기업들이 앞다투어 그 사례를 벤치마킹하기에 이르
렀다.

아래 3가지 CEO 임원 멘토링 사례를 통하여 업무 조기숙달, 핵심역량 개발, 우수
인재 개발 등 조직개발에 참고자료로 활용하기를 기대하면서 요약해서 소개한다.

사례 1. 임원 역(逆)(Reverce) 멘토링

1999년 Jack Welch 회장이 GE그룹 임원들의 업무 취약부문인 인터넷을 업그레
이드하는 멘토링으로 당시 임원 600명과 인터넷기술이 우수한 젊은 사원 600명을
역(Reverse)으로 연결, 6개월간 1:1로 진행하여 세계 최초 성공적인 성과를 거둔
임원 역(逆)멘토링이다.

최고위 간부인 임원이 멘제가 되고 젊은 부하직원(연령: 20~30대)이 멘토가 되
어 인터넷, 전자상거래 등에 관하여 멘토링을 실시했다. 당시 64세의 Welch 회장
도 37세의 Pam Wickham 부장을 멘토로 주 2회 인터넷에 관하여 배웠다.

사례 2. 임원 업무 조기숙달 멘토링

GE그룹의 임원들은 멘토찾기에 전력을 기울인다. 한 가지 사례로 프라스틱 부
서 여성 CEO로 승진한 샤린 베글리(40세)는 "나는 임원 멘토링을 통하여 혹독한
수련기간을 거쳐 20년간 배울 것을 6년에 끝냈죠"라고 말했다.

사례 3. CEO 후계자 핵심인재 멘토링

GE그룹의 현명한 조언자 멘토인 CEO 잭 웰치 전 회장과 현 회장인 후계자 CEO 제프리 이멜트와의 아름다운 멘토링 벤치마킹 자료다.

위의 전임 CEO와 후계자 CEO 사이에 오래전부터 공식, 비공식적으로 끈끈한 멘토링 관계가 지속되어 왔음을 기록을 통해 알 수 있다. 끈끈한 멘토링 관계란 단순한 업무(Task)에만 국한한 것이 아니고 인간관계, 리더십, 의사소통, 경험담 등 삶 전체로 두 사람의 관계가 1년 넘게 1:1로 멘토링이 이루어졌다는 것을 알 수 있다.

그리하여 조직이 흔들리지 않고 후계자 프로젝트의 성공확률이 높아진 것이다.

2. 삼성그룹 핵심인재 개발

- S급(Super) 인재: 최고경영자로 대우받는 인재
- A급(Ace) 인재: 핵심추진인력으로 분류되는 인재
- H급(High Potential): S급 인력으로 양성 가능한 인재

삼성은 핵심인재가 회사에 안착해 오랫동안 다닐 수 있도록 다양한 제도적 장치를 해놓고 있다. 멘토제도도 그중의 하나다. 사장은 S급 인재, 사업부장은 A급 인재, (수석)부장은 H급 인재에서 1:1 관계로 멘토링 관계가 진행된다.

특히 미팅활동에서 유의사항은 대화는 복잡한 업무 현안들이 배제되고 가족들 안부를 묻는 데서 시작된다. 일상의 크고 작은 고충과 애로들을 물어 보고 업무 흐름에 불편함이 없는지도 세세하게 체크한다. 면담이 끝나고 나면 각 멘토들은 그 내용을 직접 메모를 작성해 관련부서에 업무지시를 내린다.

매월 면담보고서를 제출해야 할 뿐만 아니라 개선 요청사항을 받아들여 즉시 시행하는 것도 멘토의 의무다. 만약 핵심인재가 석연찮은 이유로 회사를 그만두게 되면 1차적으로 책임을 져야 하는 사람 역시 멘토다.

삼성이 이처럼 핵심인재를 일대일 멘토링 기법으로 관리하는 이유는 인재를

영입하는 것 못지않게 이들을 안착시키는 일이 어렵다고 판단하기 때문이다. 삼성관계자는 "능력이 뛰어날수록 경쟁사의 스카우트 표적이 되기 쉽고 외국인들의 경우 이질적인 한국문화에 적응하기 어렵다는 점을 감안한 제도"라고 설명했다. 특히 조직운영에 불만을 품고 떠난 외국인이 험담을 하고 다니는 상황은 최악이다. 세계 IT업계에 평판이 나빠지면 인력수혈에 큰 차질이 빚어질 수밖에 없기 때문이다.

삼성전자는 이 때문에 핵심인재들을 대상으로 '3색 경보체제'를 은밀하게 가동하고 있다. 인력의 퇴직 가능성을 △녹색(안정적) △황색(약간 불안) △적색(퇴직 가능성 고조) 등으로 분류, 핵심인재의 이탈을 조기에 감지하는 시스템이다. 퇴직 가능성이 있다고 판단하는 사람에 대해선 중점 관리에 들어가 대인관계와 개인 전문성과 업무의 불일치 여부 등을 정밀하게 진단, 즉각 개선책을 마련한다.

현재 2천 명이 넘는 핵심인재 중 S급은 대부분 녹색, A급은 99%가 녹색, H급은 98%가 녹색 등급을 받고 있는 것으로 파악됐다.

삼성 핵심인재확보 육성전략

확보 ⇒	배치 ⇒	육성
변화 주도역량 확인 전문역량 포착 이질적 요인 포용	적재적소 배치 업무 및 일상의 불편 해소 멘토제 시행(1:1 관리)	성장 비전 제시 도전기회 제공 인재 간 상생 풍토 조성

CEO 임원 조직개발
M-MOM-4S

일류기업이 되기 위한 요건으로 많은 사람들이 지목하는 것 중의 하나가 경영자의 탁월한 리더십이다. 의사결정의 최고책임자로서 기업의 나아갈 방향을 설정하고 조직과 사람을 관리, 리드함에 있어서 그 핵심 축이 바로 경영자이기 때문이다. 이처럼 조직개발의 최고책임자인 CEO 임원의 리더십이 기업경쟁력을 결정하는 중요한 원천으로 부각되면서 선진기업들을 중심으로 활발히 운영되고 있는 4단계 다아몬드 조직개발 멘토링 제도를 소개한다.

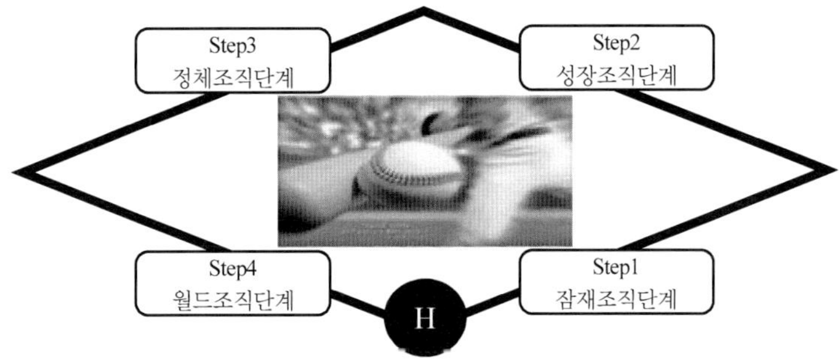

조직(Organization)개발 다이아몬드 모형도

1) 단계: 리더인재 개발은 Diamond 인재개발의 네 번째 단계(Step4)이다.

2) 적용: 각 조직의 리더 임원직에 적용 프로그램이다.

3) 내용: 임원 핵심역량 강화를 통한 M-DOD 4S 기법으로 조직개발 프로그램이 초점이다.

4) 기간: 멘토링 활동 12~60개월 기간으로 설정했다.

5) 사례: GE그룹, 삼성그룹

2-1. 조직개발 4단계 발전과정

어려운 경제환경에서 참된 기업경쟁력이란 무엇일까? 고도 성장기에는 매출 지상주의 기업이 주류를 이루었으나 지금의 경제 정체기에는 이익률 중시 기업이 늘고 있다. 이익률 향상을 위해서는 기존의 고객을 유지하고, 이탈을 방지하는 것이 최선의 과제이다. 이것을 실현하기 위해서는 종래와 같이 제품 품질만으로는 차별화가 어렵다. 최근의 경영의 핵심은 어떻게 경쟁력 있는 인재를 확보하여 서비스의 질을 높이고 고객이탈을 막아 이익률을 높일까 하는 것이다. 멘토링 경영의 효과는 이와 같이 인간성·생산성 경영을 실현하는 데 큰 기여를 할 것이다.

기업 등 조직발전 4단계

우선 기업발전 단계의 정석으로 다루어지는 케키 R. 보우트의 저서『고객 로열티 전략』에서 기업의 발전 레벨을 다음과 같이 4단계로 나눈다.

Step1 잠재조직단계	잠재조직단계는 무경쟁적으로 독점적인 위치에서 업무를 계속하는 기업이나 오랫동안 대기업의 하청을 받아 일을 해온 기업에서 흔히 볼 수 있다. 조직상으로는 톱다운식으로 결정이 내려지며, 조직 형태는 관료적이고 종적이다. 고객에 대한 차별화는 아직 없으며, 모든 고객이 동일하게 취급된다.
Step2 성장조직단계	고도성장 단계는 원가절감, TQC, TQM, Sixsigma에 주력하는 품질 지향적 제품위주 기업이다. 부하나 멘제가 처리하는 업무의 세세한 점까지 관리하고 통제하려고 하며, 조직적으로는 매트릭스(matrix)형의 메니지먼트가 흔히 이용되고 있다.
Step3 정체조직단계	성장 정체 단계는 시장에서의 경합이 심하여 변화에 대한 대응력과 개별 대응력이 요구되기 때문에 자립적인 자율형 인재로의 전환을 추구하기 위해 매니지먼트에 있어서도 멘토나 변화형 리더의 존재를 중시한다. 조직은 플랫화되어 사내의 업무로부터 해방되고 고객의 만족을 위해 한층 더 시간을 소비하다.
Step4 월드조직단계 성공	월드 글로벌 경쟁 조직 단계는 고객에게 가치를 부여함으로써 단골손님 육성에 성공한 기업이며, 고객만족의 차원을 훨씬 넘어 고객 이탈 제로를 지향하여 이를 달성한 기업이다. 제3단계로 이행할 때는 부터는 멘토링 기법의 도입이 이루어지고 제4단계에서 다시금 지원형 리더로 진화하여 멘토링의 보급이 진척된다.

조직개발 4단계별 특징

특 성	제1단계 무경쟁잠재기	제2단계 고도성장기	제3단계 경기정체기	제4단계 국제경쟁기
① 기본방향	① 사내중시주의	① 원가상감중시	① 경합중시주의	① 고객에의 부가 가치
② 중요관점	② 일상용품 중심	② 기술, 품질	② 고객만족	② 고객 로열티
③ 고객구분	③ 차별화 부재	③ 일반고객 우선	③ 사내고객과 거래선 중시	③ 핵심고객(단골손님)
④ 매니지먼트	④ 관료적, 독재적	④ 미도로적 경영	④ 자립화와 멘토	④ 비전, 격려, 리더, 멘토
⑤ 조직형태	⑤ 수직적, 종조직	(개선운동)	⑤ 계층의 제거	⑤ 기능 횡단적 팀
⑥ 기업목표	⑥ 고충처리계	⑤ 매트릭스조직	⑥ 고객의 기대에의 반응	⑥ 고객만족
⑦ 경영전략	⑦ 매출과 이익의	⑥ 예산의 달성	⑦ 시장 점유율의 극대화	⑦ 고객유지의 최대화에 의
⑧ 인사제도	극대화	⑦ 불편의 극소화	⑧ 목표관리제도와 컨피던시	한 이익의 극대화
평가방법	⑧ 학력주의 연공	⑧ 직능제도 일면평	가점식 평가	⑧ 광의의 성과 주의(기업이
	서열일면 평가	가제도 감점식		념, 프로세스의 강화) 다
	제도감점식			면 평가제도

2-2. 고성과형 조직개발로 전환

시장경쟁이 격화되면 제1단계 상황에 있는 기업은 경쟁력을 유지할 수가 없어서 필연적으로 제2단계 또는 제3단계로 전환하게 된다.

인간은 본래 약하기 때문에 관리하지 않으면 문제를 일으켜 무슨 일을 당할지 모른다는 이유로 관리를 강화해왔다. 그러나 조직이 커지면 관리비가 많이 드는 반면 생산력이 떨어지는 동시에 경쟁력의 약화를 초래하게 된다.

관리가 엄하면 테두리를 정하여 그 범위에서 벗어나지 못하게 하기 때문에 조직은 활력을 잃게 되어 안전지향적이고 방위지향적인 관료주의에 빠지고 만다. 자신이나 지신이 속한 부서에 불리한 정보는 은폐하게 되고, 서로 견제하여 많은 에너지가 조직 내부에서 낭비된다. 자극이 없으면 노력도 하지 않게 되고 이것이 현저한 경쟁력의 저하를 초래한다.

경쟁력의 저하를 방지하고 서로 자극하며 위기의식과 사원 개개인의 의식을 높이면서 적절한 동기가 부여되면 관리하지 않아도 자율적으로 일할 수 있게 된다. 과잉관리는 사람의 에너지를 헛되이 낭비하게 한다. 인간은 존엄성이 보존되고 생명이 존중되면 사람답게 살려고 노력하고, 또한 긍지를 가질 수 있는 환경이 되면 일에 보람을 느낀다.

도요타 자동차에서는 "스스로 생각한다는 것은 소중한 일이며, 인간의 지혜는 무한대이므로 그 가능성을 믿는다"는 견해가 깊이 뿌리내리고 있다.

멘토링도 이와 동일한 발상이다. 다시 말해서 스스로 생각하도록 촉구하여 그 능력을 어떻게 끌어낼 것인가를 진지하게 탐구하는 것이며, 그 배경에는 인간성의 존중이 자리 잡고 있다. 스스로 생각하는 것을 존중해야 고성과로 이어진다고 믿는 것이다.

인간성 배려하는 고성과형 조직개발

대항목	소항목	과거형 조직	고성과형 조직
변혁과 리스크에 대한 자세	새로운 아이디어는?	무시 전례 중시, 고장 날 때까지는 수리하지 말라.	요구되고 테스트를 받는다.
	위험을 무릅쓰고 일한다 실패한 자에 대한 처우는?	징벌주의(감점주의)	한 번 더 도전하라! (가점주의)
	변혁하려고 하는 자에 대한 처우는?	보답이 없다, 싫어한다(보수주의).	성공하면 승진
기대되는 경우	중요한 의사결정의 필요성은?	지시대로 작업을 한다.	중요한 의사결정은 작업을 하는 자가 결정할 것을 기대
	팀워크의 필요성은?	단독	팀을 구성, 정기적인 배치, 변경이 있다.
	단순한 업무는?	항상 같은 방법으로 추진	다양한 시도가 요구된다.
	문제해결은 누가 하나?	감독자	스스로 한다
대항목	소항목	과거형 조직	고성과형 조직
조직의 관리자 역할	관리방법	감시자 · 책임자	지원자 · 진행 역 · 마무리 역
	규칙의 준수	규칙의 준수가 원칙	혁신을 추진
	멘제에 대한 피드백	거의 없다.	정기적으로 행한다.
	커뮤니케이션의 방법	일반적, 의견을 듣지 않는다.	쌍방향 커뮤니케이션
	작업의 할당, 계획, 작성, 훈련실시, 업무순서의 결정	관리직의 업무	멘제가 스스로 정한다
	명령계통	절대 복종의 명령계통	자유롭게 서로 대화하여 의견 교환
	관리직의 현장감독의 필요성	현장감독의 필요가 있다고 생각한다.	현장에 있을 필요가 없다고 생각한다.
조직개발팀 형태	조직계층	수많은 조직계층	플랫한 팀
	기본 구성단위	직능별 부문	작업 팀
	라인과 스태프의 분리	관리	완전 통합
	사원의 일체감	일체감이 없음	강한 일체감이 있음
	부분 간의 회의	거의 없음	번번히 있음
변화 대응력	조직으로서의 환경변화	둔한다.	신속대응
	신기술의 채용 기존기술의 전용	늦다.	즉시활용, 혁신적 응용방법을 잘 생각해낸다.
	제품의 범위, 시장 도입의 속도	한정된 상품뿐이고 시장 도입에는 시간이 걸린다.	다양한 제품과 서비스를 제공, 고객의 요구변화에 대응
평가	보수형태	일정한 보수 연공 보수	개인 · 팀의 업적과 성과에 따른 보수
	인센티브 제공 대상자	일부 간부가 대상, 개인 베이스의 지급	전 직원이 공평히 분배, 팀워크에 대해 제공

멘토링 적합성 예비진단

멘토는 단순히 업무적인 지원을 떠나서, 구성원들이 자신의 적성에 맞고 미래 비전을 달성할 수 있는 분야를 선택할 수 있도록 인간성(Humanity) 분야에 우선적으로 도와줘야 한다. 즉, CEO 임원들이 조직개발에 대한 주인의식을 갖고, 지속적인 개선노력을 전개할 수 있도록 자신감을 불어넣어 주는 것이 멘토의 궁극적인 역할인 것이다.

전통적인 멘토링은 주로 조직구성원들의 부족한 부분을 보완해주는 기능이 중심이 됐다. 그러나 지속적인 고용이 보장되지 않는 오늘날의 조직환경에서는 이러한 기능 중심의 멘토링 활동만으로는 큰 효과를 볼 수 없게 되었다. 이제는 보다 적극적으로 구성원의 수평적·수직적 업무의 폭을 넓혀줌으로써 업무효율성 및 조직개발을 단계별로 진행하는 멘토제도가 필요해진 것이다.

☞ **적합성 예비진단 목적**: 멘토링 활동의 성공률을 높이기 위한 두 사람의 멘토링 활동 적합성 여부와 "CEO 임원의 핵심역량 강화"에 기여도 여부를 촉진하기 위함이다.

CEO임원 지원멘토의 기본역할

1. 멘토 대상자

1) 임원 동급으로 리더십 및 전문지식을 갖춘 자

2) 상위급 선배로 리더십 및 전문지식을 갖춘 자

3) 사회공인자로서 컨설턴트, 변호사, 회계사, 세무사, 자격자, 특허자, 박사급
   등과 동등의 인재

4) 대학교수로서 전공에 맞는 자

2. 멘토의 역할

멘토는 일반직원 멘제를 위하여 먼저 개인의 형식적 인격과 암묵적 인격으로 인성지원 활동을 우선하고, 겸하여 인간성을 바탕으로 멘제 개인의 만족감과 인간관계개발, 조직역량개발, 핵심인재개발, 핵심업무개발 등의 업무효율성에도 크게 기여할 수 있도록 자신의 역량을 최대한 발휘한다.

3. 멘토의 교육

멘토는 멘토링 활동 개시 전에 멘토링에 관한 전문교육을 수강하고 멘토링 활동에서는 자율성을 최대한 발휘하여 먼저 자부심을 갖고 보람의식, 책임의식, 목표의식으로 성공률을 높이는 데 기여해야 한다.

- 멘토링 전문교육과정
- 멘토/멘제 Workshop 교육과정
- 멘토링 특강교육과정

4. 멘토 위 차별화

- 상사: 업무적인 지시(Indicating)=생산성 효과를 챙긴다.
- 멘토: 인간적인 지원(Supporting)=인간성 효과를 챙긴다.
- CEO: 질과 양의 균형 유기적 조직공동체로 경쟁력 강화를 챙긴다.

3-1. 멘토가치개발 예비진단

[멘토개발 5가지 기준]

멘토를 구체적인 핵심인물로 개발하는 데 5가지 기준을 설정하고 그에 따라 핵심인물로 개발하는 방법을 다루도록 하겠다. 멘토들이 시간을 어디에 써야 할지를 궁금해할 수도 있다. 그러므로 회사의 핵심그룹 속에 다음 다섯 가지 형태의 멘토들을 확보할 수 있도록 노력하여야 한다. 이 다섯 가지 형태의 멘토는 회사에 놀라운 가치를 부여해줄 것이다.

1) 잠재력의 가치 – 자신의 능력을 개발하는 멘토

모든 리더들이 가져야 하는 첫 번째 능력은 자기 자신을 개발하고 동기부여를 주는 능력이다. 당신의 눈을 이런 잠재력을 가진 멘토를 보기 위해 넓게 열라.

2) 긍정의 가치 – 조직의 사기를 진작하는 멘토

조직에서 피스메이커(Peace Maker)로서 다른 사람을 세워주고 조직의 사기를 높여주는 사람 즉, 멘토(Mentor)는 무한한 가치가 있는 사람이다. 그들은 핵심그룹에 속할 수 있는 훌륭한 자산을 가진 사람들이다.

3) 인격의 가치 – 멘제를 멘토로 개발하는 멘토

어느 사람이 나에게 이렇게 말했다. "맨 위에 있는 사람은 외롭다. 그러므로 당신이 왜 거기에 있어야 하는지를 잘 아는 것이 좋다." 멘토는 무거운 짐을 지고 가는 사람이라는 것은 사실이다. 사실 앞에서 일할 때 멘토는 사람들의 손쉬운 표적이 될 수 있다. 그러나 홀로 그 짐을 지려고 해서는 안 된다. 그래서 우리는 이렇게 말할 수 있다. "맨 앞에 있는 사람은 외롭습니다. 그러므로 다른 사람과 그 일을 함께하시오."

멘제를 세워주는 사람보다 더 좋은 사람이 어디에 있겠는가? 그 사람이 예스맨으로서가 아니라 동역자요, 든든한 후원자일 때 말이다. 멘제를 향상시켜 줄 수 있는 핵심인물인 멘토로 그룹을 형성할 수 있도록 노력하자.

4) 생산의 가치 - 다른 사람을 세워주는 멘토

다른 사람을 리더로 세워주는 능력을 가진 멘토는 당신의 핵심그룹에서 대단히 중요한 인물들이다. 이러한 멘토에게 핵심역량은 바로 멘토 리더십으로 무장하는 것임을 알아야 한다.

5) 인정의 가치 - 다른 사람들을 세워주는 리더를 기르는 멘토

어느 것보다도 소중히 여겨야 할 가치는 다른 리더들을 자신과 같은 멘토로 길러주는 리더, 즉 멘토의 가치이다. 이 가치는 다양한 리더십을 발생시킨다.

3-2. 업무가치개발 예비진단

1. 한국의 최근 기업가 6대 핵심역량

한국의 대표적 기업들이 내부 혁명에 성공하고 이를 사회 전반의 혁명으로 확산시킬 수 있었던 원동력은 무엇일까? 오랫동안 기업 내부를 관찰해온 김병도 교수(서울대 경영학), 공병호 박사(공병호경영연구소장), 강신장 세라젬 대표(前 삼성경제연구소 전무)의 진단을 통해 한국기업이 강해진 6대 핵심역량을 추려 보았다(조선일보, 2011.1.13).

역량 1. 수익성 위주의 전략

1997년 외환위기 전까지 과도한 차입경영과 문어발식 다각화를 통한 외형성장 전략에 매달렸던 한국의 대기업들은 외환위기를 겪으면서 수익성 위주로 전략을 바꿨다. 부채비율을 줄이고 고부가가치의 핵심사업에 경영을 집중하면서 비관련 사업을 매각하고 인력 구조조정을 수시로 단행했다. 이를 통해 지난 10년 동안 코스피 200대 기업의 순이익은 15배 정도 늘었고, 2010년 1조 원 이상의 순익을 낼 것으로 전망되는 회사의 수도 20개에 이른다.

역량 2. 경영 투명성 제고

대기업의 투명성에 대한 사회적 요구가 높아지면서 사외이사 및 감사위원회 도입을 의무화했고, 기업의 중요정보를 증권시장을 통해 공시토록 하는 공정공시 제도가 도입됐으며, 기업집단 내 모든 계열사의 경영실적을 총망라하는 결합재무 제표 작성도 의무화했다. 이에 따라 국내기업의 주가수익비율(PER)이 지난 10년 동안 꾸준히 상승했다.

역량 3. 재무 건전성 개선

외환위기 당시 국내 대부분 기업의 부채비율은 300%를 상회했으나 외환위기 이후 선진국보다 낮은 100% 수준으로 떨어졌다. 이는 그만큼 우리 기업의 체질이 개선됐음을 의미하지만 동시에 성장보다 안정에 너무 치중하는 보수적인 경영이 라는 비판도 제기될 수 있다.

역량 4. 성과 중심의 인사

연공서열 중심의 전통적 인사제도에서 벗어나 성과배분을 원칙으로 하는 연봉 제가 자리 잡았다. 더불어 해고절차가 간편한 유연한 고용정책이 확산됐고, 사내 업무의 아웃소싱을 통한 고용 유연성 또한 높아졌다. 그러나 이로 인한 평생직장 개념의 붕괴와 조직원의 충성도 약화는 기업이 당면한 새로운 과제라는 지적도 있다.

역량 5. 연구개발 · 마케팅의 강화

낮은 생산원가와 선진국 기술모방을 경쟁력의 원천으로 삼았던 한국기업은 외 환위기 이후 업종 전문화를 통해 적극적인 연구개발, 디자인 및 마케팅 투자 강화 등으로 선진국 기업들을 능가하는 제품을 속속 내놓으면서 변신에 성공했다. 현 재 한국은 국내총생산 대비 연구개발투자 비중이 세계 4위이며, 국내총생산 대비

특허 건수는 세계 1위이다.

역량 6. 글로벌 현지생산 확대

수출 위주의 한국기업들은 신흥시장에 대한 공격적인 해외진출을 시도해 이제 뿌리내리는 단계에 접어들었다. 중소기업들은 중국기업과의 가격경쟁을 위해 저임금 지역으로 생산거점을 이전했고, 대기업들은 외국 선진기업들과의 경쟁을 위해 생산, 연구개발, 마케팅 등 경영활동 전반을 해외에서 전개하여 커다란 성과를 거두고 있다.

2. 임원의 성격개발 효과적인 업무특징

현대 비즈니스 세계에서 조직문화는 경영자 한 사람에 의해 좌우되는 것이 아니라 임원으로 대표될 수 있는 고위 간부계층에 의해 형성되고 변화한다. 즉, 임원은 기업문화를 형성하는 데 가장 핵심적인 멤버인 것이다.

한국임원들이 적절한 교육훈련을 받지 못하는 데에는 여러 가지 이유가 있겠지만, 한국기업의 구조적인 문제가 가장 큰 원인이다. 한국임원들은 의사결정권한 문제, 인사 시스템 문제, 교육훈련 문제, 임원의 역할 문제, 전문성과 스킬에 관한 문제 등과 같은 구조적인 문제점을 떠안고 있다.

미국이나 서구기업은 문제가 발생하면 개인적 접근이 아니라 관리방식에 의한 구조적 접근을 한다. 그러므로 기업의 경영방침 및 정책준수가 무엇보다 중요하다. 반면 한국의 관리방식은 지나치게 인간관계에 의해 결정되기 때문에 이를 마냥 비난할 수도 없는 일이다.

임원들이 의사결정을 할 때는 업무뿐만 아니라 수많은 요소가 개입된다. 기본적으로 임원들이 의사결정을 할 때는 어떻게 정보를 수집할 것인가, 어떻게 의사결정을 할 것인가, 어떻게 의사결정 내용을 전달할지를 고민해야 한다.

조직에서 훌륭한 임원이 되기 위한 방법으로 본 과정에서 제시하고 있는 주도형, 우호형, 관리형, 분석형의 효과적인 업무특징을 소개한다. 4가지의 Style에 대해 이해하고 이들을 조합하고 분석할 때 훌륭한 임원이 될 수 있을 것이다.

　1) **임원의 업무 Style: 주도형**

　2) **임원의 업무 Style: 우호형**

　3) **임원의 업무 Style: 관리형**

　4) **임원의 업무 Style: 분석형**

1) 임원의 업무 Style: 주도형

(1) 주도형 임원의 특징

주도형 임원의 힘의 원천은 그가 가진 지식과 정보이며, 또 이를 가졌다고 느끼는 지배력에서 나온다. 또한 주도형 임원들은 경쟁을 즐기며 경쟁에서 이기는 것에 큰 자부심을 갖는다. 주도형 임원들은 뛰어난 역량을 가지고 있으나 항상 시간과 자원에 쫓긴다. 때문에 조직이 너무 방대해지면 이들은 오히려 조직성장의 방해물이 되기도 한다.

(2) 주도형 임원의 강·약점

주도형 임원을 부정적으로 말하면 권위적이고 위압적이라고 할 수 있으나 모든 것을 자신의 책임하에 두고 최선을 다한다는 점에서는 믿음직스럽다고 할 수 있다.

(3) 주도형의 임원에게 적합한 업무분야

특히 규율, 명령, 통제가 중요시되는 조직에서는 주도형 임원들이 탁월한 능력을 보인다. 예를 들어 공장 관리자, 프로젝트 관리자, 건설현장 관리자, 영업지점 관리자, 구매부 부서장, 제품개발 담당, 임원 준법 관리자, IT 조직 관리자, 금융기관의 리스크 관리자, 내부감사 및 내부 상황실 담당 임원, 정밀 성과 마감 날짜가 중요시되는 조직, 경영보고서 및 경영정보시스템 담당 임원 등이 적합하다.

[적합한 업무분야]

- 공장 관리자
- 프로젝트 관리자
- 건설현장 관리자
- 영업지점 관리자
- 구매부 부서장
- 제품개발 담당
- 임원 준법 관리자
- IT 조직 관리자
- 금융기관의 리스크 관리자
- 내부 감사 및 내부 상황실 담당 임원
- 정밀성과 마감 날짜가 중요시되는 조직
- 경영보고서 및 경영정보시스템 담당 임원

2) 임원의 업무 Style: 우호형

(1) 우호형 임원의 강점

우호형의 임원들은 무엇인가 추진하는 것을 좋아하며, 언제나 열정적으로 새로운 생각과 프로그램을 추구한다. 이들 대부분은 매력 있고 인간적으로 다가가기 쉬운 사람들이다. 이 유형의 임원들은 강한 성격을 통해 일을 성사시키기 때문에 카리스마 있는 리더로 비쳐지기도 하고, 자기 홍보 또는 PR에 있어서 탁월한 능력을 발휘하기도 한다.

(2) 우호형 임원 약점

우호형의 임원들은 다혈질적이라고 할 수 있다. 노력이나 과정보다는 결과를 중시하는 성향이 있으며, 성과에 대한 집착이 강해 때로는 다른 사람의 업적이나 노력을 가로채는 듯 보이기도 한다. 또한 이들은 결정을 내리는 데 있어서 즉흥적인 성향이 있다. 즉흥적이고 행동이 빠르기 때문에 정밀성이 요구되는 직업에서는 신중함이 부족하다고 평가된다.

(3) 우호형 임원에게 적합한 업무분야

우호형 임원들은 시장 또는 고객 접점 관리에서 두각을 나타낸다. 또한 영업 또는 영업사원 관리, 홍보 또는 IR, 기금 마련 또는 해외투자설명회, 새로운 아이디어 론칭, 변화관리 프로그램, 커뮤니케이션 역할 담당, 노조 협상 및 중재, 위기관리 및 대정부 관계, 외국 합작회사 또는 제휴회사 관계, 신제품개발 및 특정제품 상업화 R&D 부서장, 벤처기업 사장 등의 업무분야에서도 탁월한 능력을 발휘한다.

[적합한 업무분야]
- 영업 또는 영업사원 관리
- 홍보 또는 IR
- 기금 마련 또는 해외투자설명회
- 새로운 아이디어 론칭
- 변화관리 프로그램
- 커뮤니케이션 역할 담당
- 노조 협상 및 중재
- 위기관리 및 대정부 관계
- 외국 합작회사 또는 제휴회사 관계
- 신제품개발 및 특정제품 상업화 R&D 부서장
- 벤처기업 사장

3) 임원의 업무 Style: 관리형
(1) 관리형 임원의 강·약점

관리형 임원들은 덕망이 있다고 비쳐지며 부하직원들이 선호하는 타입으로 사람들을 편하고 기분좋게 하는 재주가 있다. 반면, 경쟁적이지 않으며 때로는 모호한 입장을 취하기도 한다. 긴밀한 인간관계가 중요시되는 조직에서는 이들이 핵심적인 역할을 하게 된다.

(2) 관리형 임원의 역할

훌륭한 관리란 이미 진행 중인 것을 보조하는 데 그치는 것이 아니라 다음 상황을 미리 예측할 수 있도록 하는 것이다. '예스맨'이 아닌 진정한 관리 역할로 거듭나야 한다.

(3) 관리형 임원에게 적합한 업무분야

관리형 임원은 인간관계를 중요시하는 인사업무에서 탁월한 능력을 발휘한다. 특히 모든 분야의 인사 관련 업무, 동문관리 및 기록보관, 교육원장 및 교육부서부장, 신입사원 교육, CXO로서 모든 고위급 임원들의 교육담당, 콜센터 등 서비스센터 담당 임원, 금융기관의 소비자 불만 관리, 기업윤리위원회 임원 기획 담당, 임원 설계·공학 팀 임원, 인수합병 시 문화 통합 담당 임원 등으로 활동하면 좋은 성과를 낼 수 있다.

[적합한 업무분야]
- 모든 분야의 인사 관련 업무
- 동문관리 및 기록보관
- 교육원장, 교육부서부장
- 신입사원 교육
- CXO로서 모든 고위급 임원들의 교육 담당
- 콜센터 등 서비스센터 담당 임원
- 금융기관의 소비자 불만 관리
- 기업윤리위원회 임원 기획 담당
- 임원 설계·공학 팀 임원
- 인수합병 시 문화 통합 담당 임원

4) 임원의 업무 Style: 분석형

(1) 분석형 임원의 강점

분석형 임원들의 힘의 원천은 풍부한 지식으로 치밀하고 정확하다. 데이터와 접촉하고 새로운 개념과 아이디어를 탐구하는 것을 좋아한다. 이들은 분석적 성향을 잘 활용하면 훌륭한 최고지식 경영인이 될 수 있지만, 그렇지 못할 경우에는 회사에 중요한 정보를 혼자 독점함으로써 최악의 지식경영인이 될 수 있다.

(2) 분석형 임원의 약점

분석형 임원들의 특징 중 가장 흥미로운 점은 정보 부족과 자신감 부족이 혼동되기도 한다는 것이다. 무능력하거나 결정을 내리지 못하는 유약한 임원들 중 대부분은 정보의 부족을 탓하는 경우가 많다. 그러나 이는 능력이 부족하기 때문에 결정을 내리지 못하는 것이지 정보의 양과는 상관없다.

(3) 분석형 임원에게 적합한 업무

분석형 임원들은 많은 정보가 요구되는 곳에서 능력을 발휘합니다. 특히 물류·유통 담당 임원, 예산관리 및 경영정보시스템 담당 임원, CRM(고객관계관리) 담당 임원, 마케팅(브랜드·제품 마케팅 등) 담당 임원, 영업 및 서비스 지원, 재무관리 담당 임원, 대기업의 CFO(Chief Financial Officer: 최고재무관리자), 여러 회사를 산하에 둔 지주회사의 임원과 같은 분야에서 두각을 나타낸다.

[적합한 업무분야]
- 물류·유통 담당
- 임원 예산관리 및 경영정보시스템 담당 임원
- CRM(고객관계관리) 담당 임원
- 마케팅(브랜드·제품 마케팅 등) 담당 임원
- 영업 및 서비스 지원
- 재무관리 담당 임원

- 대기업의 CFO(Chief Financial Officer: 최고재무관리자)
- 여러 회사를 산하에 둔 지주회사의 임원

5) 임원의 성격 상호 호환성 분석

아래 내용은 긍정적 성격으로서 다른 유형의 임원과 같이 일할 경우 잘 맞는 점이 무엇인지를 보여 준다. 예를 들어 관리형 성격인 사람이 분석형 상사와 일을 한다면 인내심이 많고, 정확하고 치밀한 점이 서로 잘 맞는다는 뜻이다.

ME YOU	주도형	우호형	관리형	분석형
주도형	• 외향적 • 창의적 • 품의 있음	• 행동 지향적 • 지시적 • 효율적	• 지지 • 도움을 줌 • 조심스러움	• 논리적 • 사실 중심적 • 기댈 수 있음
우호형	• 따뜻함 • 배려 깊음 • 극적	• 독립적 • 자신감 • 결단력	• 반응적 • 친근함 • 우호적	• 기댈 수 있음 • 신뢰할 수 있음 • 협조적
관리형	• 따뜻함 • 낙천적 • 열정적	• 규율 • 효율성 • 결과	• 친근함 • 열린 마음 • 협조적	• 인내심 • 정확성 • 치밀함
분석형	• 자극적 • 창의적 • 흥미로움	• 논리적 • 과업 지향적 • 사실 지향적	• 낙천적 • 조용함 • 정확함	• 보수적 • 협조적 • 정확함

자료: 멘토링코리아 개발 Lynchpin Game 성격개발 자료에서 인용.

3-3. 자기가치개발 예비진단

1. CEO임원(Boss) 자기개발 점검표

자기개발 점검표는 12개 질문에 각각 1~5점으로 평가하고 아래 평가내용에 대비한 대안을 세워보는 것이다.

원칙-3	진단도구	점수
원칙 1. 스스로를 관리한다	1. 권한을 함부로 행사하지 않고 최대한 많은 권한을 직원들에게 위임한다.	
	2. 직원들과 인간적으로 교류하고 있으며 서로 도움을 주고받는다.	
	3. 부하직원만이 아니라 다른 부서의 입장을 배려해 업무를 진행한다.	
원칙 2. 인맥을 관리한다	4. 조직 안팎에서 내게 필요한 인맥을 찾아내 활용한다.	
	5. 적극적으로 인맥을 구축해 관리한다.	
	6. 인맥을 되는 대로 만들지 않고 전략적으로 관리한다.	
	7. 인맥을 통해 자원을 확보하고 부하직원을 보호한다.	
	8. 인맥을 활용해 팀의 목표를 관리한다.	
원칙 3. 팀을 관리한다	9. 부서의 목표를 세우고 이를 현실에 맞춰 개선한다.	
	10. 구성원들과 직무, 업무방식, 조직문화, 성과에 대한 피드백을 주고받는다.	
	11. 부서의 개개인을 각자에게 맞는 방식으로 관리한다.	
	12. 일상적인 업무 속에서 관리능력을 개선하기 위해 지속적으로 노력한다.	

자료: 린다 힐 하버드대 경영대학원 교수의 저서 『보스의 탄생』에서 인용.

대부분 질문에 4점 이상이면 거짓말쟁이

린다 힐 하버드대 경영대학원 교수는 "스스로 지속적인 훈련을 쌓지 않은 매니저는 1~2개 항목에서만 4~5점을 맞고 나머지 질문에서는 보통 3점 미만을 받는 게 정상"이라며 "대부분 질문에 4점 이상이라고 답한 사람은 자신을 속이는 것으로 봐야 한다"고 말했다.

힐 교수는 "총점 몇 점을 맞았는지보다 낮은 점수와 높은 점수를 각각 맞은 부분을 유의해야 한다"고 했다. 개인의 강·약점을 확인할 수 있다는 이유에서다. 그는 "모든 면에서 점수를 높이기보다 강점은 살리고 약점은 메워주는 방향으로 자신을 개발해 나가는 게 좋다"고 말했다.

예컨대 인맥관리를 잘하는 관리자의 경우, 이를 전략적으로 활용하는 능력이 떨어지더라도 더 보완해 노력하면 금세 실력을 키울 수 있다는 것이다. 힐 교수는 "좋아하는 일에만 집중하다가 다른 능력개발을 소홀히 해서는 안 된다"며 "싫어한다고 생각하던 일도 의식적으로 신경 써서 잘하게 되면 생각이 바뀔 수 있음을 명심해야 한다"고 했다.

2. 신임 임원(Boss)이 말하는 '직장생활 성공법'

신임 임원들은 모두가 "이제 평생직장은 사라졌다"면서 "연공서열에 입각한 승진과 정년 보장을 기대할 수 없는 것이 최근의 추세"라고 말했다. 이런 추세는 직장인 개개인뿐 아니라 회사 양자 모두가 공감하고 있는 만큼 직장인들 스스로 이런 추세에 맞추는 것이 바람직하다는 것이다(조선일보, 2012.1.14).

"신세대와 호흡하고 주변을 관리하라."
직원들과 영화도 보고…….
건강·조직관리·공부 주력해야

최근 대기업에서 갓 승진한 한 임원은 승진소식을 들었을 때 가족들이 제일 먼저 머리에 떠올랐다고 한다.
집으로 전화한 그는 아내로부터 '수고했다'는 말을 듣고 '기업의 별'이라는 임원이 된 것을 실감했다는 것이다. 경기침체와 기업들의 끊임없는 군살빼기식 구조조정으로 직장인들의 임원승진은 갈수록 어려워지고 있다. 이런 가운데 최근의 주주총회와 지난 연말연초를 전후해 신임 임원으로 승진한 이들은 직장생활을 어떻게 꾸려 왔을까?

LG전자, 삼성생명, 현대산업개발, 한화, 롯데쇼핑 등, 주요 대기업의 신임 임원 5명으로부터 '직장생활 성공법'을 들어봤다.

1) 신세대와 호흡을 같이한다.
2) 건강관리는 필수조건이다.
3) 끊임없이 아이디어를 얻는다.
4) 어학과 전공공부도 빼놓을 수 없다.
5) 중간관리자는 조직관리능력이 가장 중요하다.
6) 평생직장이 사라지는 사회흐름에 대비하라.

Part 3

Talentism 멘토링 인재개발 시스템 운영

다이아몬드 인재개발은 신입직원으로 입사하여 일반직원—관리팀장—CEO 임원으로 업그레이드하는 것을 목표로 한다.

이러한 인재개발은 일회성 교육이벤트로는 효과를 얻기 어렵다. 그러므로 인재개발을 투자의 개념에서 12개월 등 일정기간에 준비과정-교육과정-활동과정-평가과정으로 4과정(4-Process)이라는 과정 중심으로 진행되는 이러한 상태를 멘토링 인재개발 시스템이다.

특히 멘토는 활동의 주역으로 전문교육을 통하여 멘토링 활동에 자부심을 갖고 보람의식, 책임의식, 목표의식으로 성공률을 높여 주게 된다.

멘토링 인재개발 시스템을 체계 있게 운영함으로써 멘토와 조직의 상사와 협력경영으로 인간성 바탕 위에 생산성 효과를 얻을 수 있게 된다.

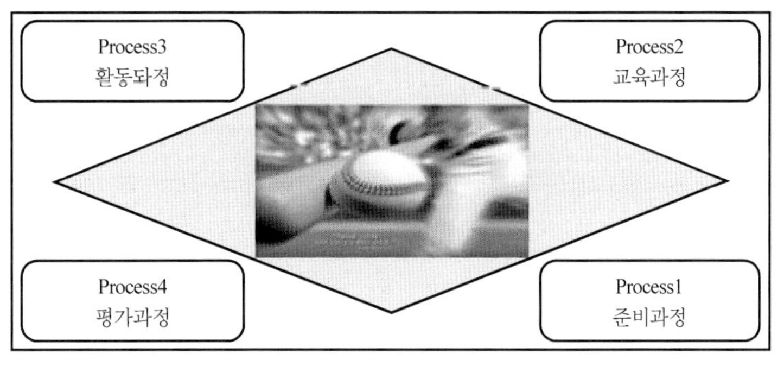

Chapter 1

멘토링 인재개발 M-DTD-4S

1-1. 인재개발 시스템 추진방법

1. 인재개발 추진형태

멘토링 인재개발 제도를 추진하기 위하여 다음과 같은 3가지 형태의 틀을 갖추게 되면 운영상 효과를 거둘 수 있으며 특히 목표제와 평가제에 의한 생산성 효과도 보장할 수 있게 된다.

형태 1. 조직(Organization)
- 멘토링 제도를 도입함에 있어 정규조직에 상응하는 멘토링 조직이 구축되어야 한다. 예를 들면 멘토링 운영위원회, 멘토링 아카데미, 멘토링 TF-Team, 멘토풀센터 등으로 명칭하면 된다.

형태 2. 사람(People)
- 조직을 운영하는 데 필요한 사람을 세운다. 예를 들면 운영위원장, 추진팀장(TFTeam), 프로그램 매니저, 모니터 등이다.
- 멘토링 운영위원회-위원장
- 멘토링 추진팀-추진팀원, 프로그램매니저

- 모니터
- 멘토/멘제

형태 3. 운영 프로그램(Program)
- 조직과 사람을 갖추었다고 볼 때 그다음 중요한 것이 체계적인 프로그램을
  개발하든지 그렇지 못하면 외부에서 채택하는 일이다. 지금까지 국내조직에
  서 의욕만 앞섰지 제대로 프로그램을 갖추지 못한 것이 바로 실패의 원인이
  라고 볼 수 있다. 참고로 멘토링코리아에서 개발된 프로그램으로 멘토링 전
  문인력을 양성하는 20~80시간 정규교육 프로그램과 멘토링 제도도입 4단계
  프로세스(4-Process) 운영 매뉴얼이 있다.

2. 인재개발 추진조직 및 업무분장

1) 멘토링 운영위원회
- 멘토링 종합계획 및 사업 중간보고, 평가회 실시
- 베스트 멘토링 사례 선정 시상
- 우수멘토, 멘제선발 시상
- 우수 멘토링 수기(手記) 시상
- 운영업무 관련 자료수집 보관
- 향후 업무계획 수립을 위한 연구
- 추진과제 선정 및 타당성 조사
- 주제목적별 추진전략 수립
- 주제목적별 소요예산 조사

2) 멘토링 추진팀(TF-Team) 및 프로그램 매니저
- 멘토링 활동 프로그램 총괄
- 홍보활동

- 홍보물 기획 및 제작-이벤트 실시-행사 개최
- 광고 게재(홈페이지, 사보, 게시판 등)
- 멘토링 활동 주 1회 홍보
- 멘토/멘제 선정 및 매칭
- 멘토/멘제의 오리엔테이션을 통한 올바른 멘토링 방향 설정
- 멘토/멘제 결연식 개최

3) 멘토링 모니터그룹 운영

- 부진한 커플 독려 및 재매칭 작업
- 프로그램 개선 요구사항에 대한 작업
- 멘토/멘제의 문제해결 및 건의

3. 인재개발 추진기간 유의사항

1) 효율적인 12개월 멘토링 기간(프로그램 12개월 개요)

오늘날 조직에 적용하는 멘토링의 특징은 도입을 원하는 조직에서 12개월 등 일정기간을 필요로 하는 프로젝트(Project) 개념에서 활동목표에 따른 프로그램을 필요로 하게 된다.

왜냐하면 조직에 적용하는 멘토링은 조직의 특성상 투자의 개념과 성과측정 차원에서 평가가 뒤따르는 것이 필수적이기 때문에 체계적인 시스템으로 접근이 필요하기 때문이다.

조직 개발용으로 체계적인 프로그램을 제도적 멘토링(Systematic Mentoring)이라 부르며 구체적으로 12개월 동안 준비과정, 도입과정, 활동과정, 평가과정에 적용하는 프로그램을 말한다.

특히 다음에 소개하는 4개 과정에 적용하는 4프로그램과 10-Point 그리고 컨설팅 15도구(Tool)는 멘토링 활동을 시스템 차원에서 운영하여 성공적으로 이끄는 전략이다.

2) 미팅활동 12개월 의미(Meaning)

12개월은 우리 인생의 삶의 기본단위로 멘토/멘제가 12개월 활동하는 것은 아주 자연스러운 기간이다.

12개월은 조직에서 업무를 정리하고 평가하는 한 회계기간으로 멘토링 활동도 조직운영의 틀 안에서 이뤄짐으로 타당한 기간이다.

12개월은 직장에서 지원기간으로 특히 신규직원의 이직률이 1년 내 가장 많은 것도 함께 고려한 기간이다.

12개월은 미팅활동 최소기간으로 조직의 제도적 멘토링 프로그램으로 관리하고 기간이 종료하면 그 후 자유롭게 전통적 방식의 멘토링으로 전환하여 평생까지 가능하다.

12개월 동안에 멘토가 멘제를 성숙시켜 자신과 같은 멘토로 재생산하여 다음 기회의 멘토링에서 멘토로 함께 활동하는 것이 최상의 성공 멘토링이다.

일반사회 결혼도 사전에 철저히 준비해서 독립가정을 이루게 하듯이 멘토/멘제도 12개월 기간에 관리그룹과 운영그룹에서 책임 있게 지원하여 차후 성숙된 멘토링으로 유도하도록 한다.

1-2. 인재개발 추진 4프로세스(Process)

1. 인재개발 추진 12개월 모형도

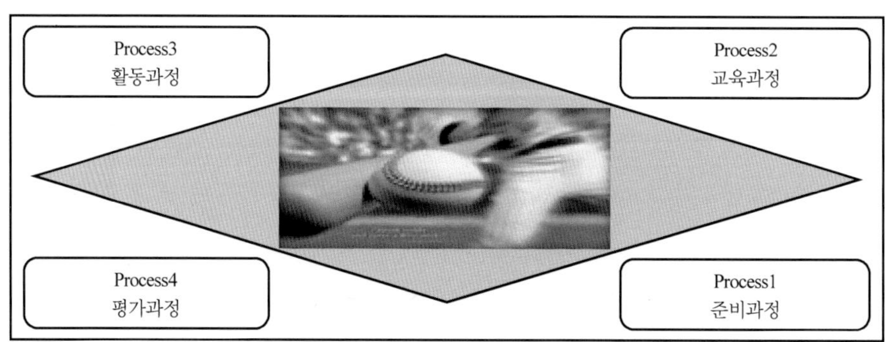

2. 멘토링 인재개발 성공 10-Point

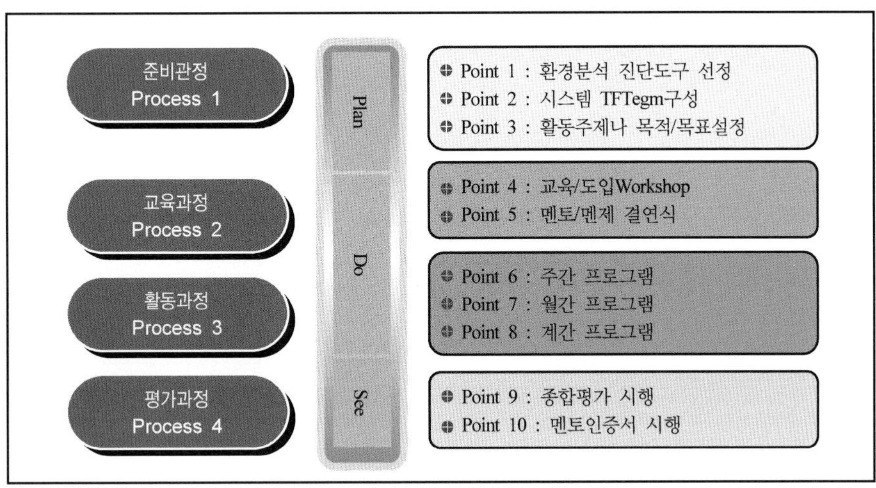

3. 인재개발추진 12개월 4-Process 흐름표

[멘토링 활동 4-Process 매뉴얼]

멘토링 프로젝트 추진 12개월 활동의 체계적인 진행으로 준비과정, 교육과정, 활동과정, 평가과정 순서를 소개한다.

Process1 – 준비과정	
준비과정 단계	과정진행 프로그램
TF-Team 환경분석 운영매뉴얼	준비과정은 시행 전 3개월 동안 멘토링 활동 12개월 실행을 위하여 미팅 Cell 운영매뉴얼을 작성하고 4개 프로그램(관리, 교육, 활동, 평가)을 설계한다. [환경분석(토양-Soil-테스트)] 1. 소통지수 진단도구　　2. 인간존중지수 진단도구 3. 열정지수 진단도구　　4. SWOT 진단도구 [TF-Team] 1. 멘토링 위원장　　2. 모니터(매니저) 3. 멘토/멘제 [운영 매뉴얼 5가지 선행 조건 작성] 1. Project(활동목적)　　2. 활동기간　　3. 활동시종 4. 멘제그룹　　5. 멘토그룹

Process2-교육과정	
준비과정 단계	과정진행 프로그램
멘토/멘제 선정 및 교육 Workshop 겸행 멘토 ↑↓ 결연식 ↑↓ 멘제 1:1 결연식 진행	교육과정은 활동 개시 Workshop을 시작으로 멘토/멘제 상견례 그리고 1시간 정도 CEO 참석하에 결연식 순서를 진행하고 마지막으로 이벤트식 만찬에 멘토/멘제를 초대한다. [교육과정] 전문가 과정　　　20~80H 멘토 과정　　　　08~60H CEO 임원 과정　　04~40H Workshop　　　　04~20H 멘토링 특강과정　08~40H [결연식] 멘토/멘제 1:1 결연식 프로그램진행

Process3-활동과정	
활동과정 단계	과정진행 프로그램
개인·그룹미팅 모니터링 상담설문 보고활동 문제점 발견 ↓ 대응활동	활동과정은 멘토/멘제가 12개월 동안 개인활동, 전체 모임인 그룹활동 등을 위한 프로그램이다. 활동 촉진을 위하여 주간별 서비스, 월간서비스, 계간서비스, 마지막 종료 서비스를 제공한다. 주·월간미팅 개인활동 -1주간 정기 미팅활동 -2월간 정기 미팅활동 월간보고활동 -1멘토 월간활동보고서 계간미팅 그룹활동 1. 보수교육 2. 중간 평가 3. 그룹친목

Process4-평가과정	
평가과정 단계	과정진행 프로그램
멘토링 성과측정 측정결과 ↓ 토의 결론 ↓ 상호존중	평가과정은 멘토링 참가자들에게 책임감과 자부심을 갖게 하는 것으로 정량·정성평가로 구분하여 실시하고 종료 후에 멘토 인증서를 제공한다. [정량평가] 1. 유지율 2. 정착률 3. 성과율 4. 확보율 5. 달성률 6. 회수율 [정성평가] 1. 업무 만족도　　2. 관계 만족도 3. 활동 만족도　　4. 조직 만족도 [인증서 수여] 1. 멘토인증서 수여

1-3. 인재개발 추진 일정표(Schedule)

금번 신입직원 멘토링 활동기간은 12개월로 설정하고 사전에 추진 준비과정, 교육과정, 활동과정, 평가과정 순서로 진행한다.

구분	예비 1	예비 2	예비 3	실행 1	2	3	4	5	6	7	8	9	10	11	12	1
준비과정																
1. 운영안 작성																
2. 매뉴얼 개발	□	□	□													
3. Semi On Line																
4. 주간영상개발																
교육과정																
1. 전문가 양성과정																
2. 간부급 과정				□												
3. Workshop 과정				□												
4. 보수교육 과정				□												
5. 결연식 과정				□			□				□				□	
활동과정																
1. 그룹-계간활동				□		□			□			□			□	
2. 개인-주간활동				□	□	□	□	□	□	□	□	□	□	□	□	
3. 멘토 월간보고				□	□	□	□	□	□	□	□	□	□	□	□	
4. 멘제 월간보고				□	□	□	□	□	□	□	□	□	□	□	□	
5. 월간현장컨설팅				□	□	□	□	□	□	□	□	□	□	□	□	
평가과정																
1. 정성·정량평가																□
2. 멘토인증서						□			□			□			□	□
3. 우수자 포상																□
4. 종료식																□

1-4. 인재개발 추진 예산편성 모델

◀ 활동인원: (   )명

◀ 활동기간: 12개월 등 일정 기간 설정

◀ 경비산정가격: 제안가격(   )원

◀ 고객선택가격: 협의가격(   )원

1) 고개의 주문형으로 과정별, 단가, 수량, 일정, 시간 등을 선택

2) 고객이 총예산을 제시하면 저희가 맞게 예산 편성

과정	세부항목	단위	단가	제안가격		협의가격	
				수량	가격	수량	가격
추진과정	운영안 개발	일(D)					
	매뉴얼 개발	일(D)					
	Semi On Line Cafe	세트월(M)					
	주간 이메일 학습	주(w)					
교육과정	전문가 양성	시간(H)					
	현장 간부특강	시간(H)					
	현장 Workshop	시간(H)					
	현장 보수교육	시간(H)					
	멘토/멘제 결연식	일(D)					
	수강교재 100p	권(C)					
활동과정	주간미팅 활동비	쌍/월(M)					
	계간미팅 행사비	계간(S)					
	월간 컨설팅경비	월(M)					
평가과정	평가 컨설팅출장	회					
	우수자 포상비	건					
	멘토 인증서수여	명(P)					
행정경비	강사 출장 여비	명					
	행정서식 개발	건					
합계(부가세별도)							

Chapter 2

멘토링 인재개발 시스템 운영실무

[멘토링 다이아몬드 인재개발 기법]

멘토링 인재개발 기법은 한 사람의 신입인재를 위하여 멘토링 활동기간에 Dia 관계개발(MRD), Dia 경력개발(MCD), Dia 성과개발(MPD), Dia 조직개발(MOD) 기법과 특히 매뉴얼별로 멘토링 인재개발 일정기간 4-프로세스(4-Process)인 준비과정, 교육과정, 활동과정, 평가과정을 체계적으로 적용하여 개인적으로는 인격을 갖춘 리더로 세우고 조직 입장에서 인재경쟁력을 확보하는 프로그램인 것이다.

Manual-1. 신입직원: 직장조기정착/Dia1: 관계개발

Manual-2. 일반직원: 업무능력향상/Dia2: 경력개발

Manual-3. 관리팀장: 관리역량강화/Dia3: 성과개발

Manual-4. CEO임원: 핵심역량강화/Dia4: 조직개발

구분	순위 1	순위 2	순위 3	순위 4
Process 1 준비과정	신입 직원	일반 직원	관리 팀장	CEO 임원
Process 2 교육과정	신입 직원	일반 직원	관리 팀장	CEO 임원
Process 3 활동과정	신입 직원	일반 직원	관리 팀장	CEO 임원
Process 4 평가과정	신입 직원	일반 직원	관리 팀장	CEO 임원

준비과정 실무

멘토링 도입을 원하는 업체는 최소 3개월 준비기간이 필요하다. 그 기간 동안에 자료도 수집하고 필요한 전문교육도 받고 멘토링 전문가와 대화를 통하여 멘토링 추진팀(운영위원회나 TF-Team)을 구성하고 12개월 추진계획을 수립한다. 특별히 조직의 환경분석기법을 선정하여 먼저 시행하고 그다음 운영에 관한 5가지 선행조건을 작성하여 운영안을 만들어 진행한다.

자료	자료일련 번호 NO	소속	비고
1. 환경분석	1-1. 소통 지수진단	신입인재	
	1-2. 인간존중 지수진단	일반인재	
	1-3. 열정 지수진단	관리인재	
	1-4. SWOT 분석	리더인재	
2. 추진목적	2-1. 직장조기 정착	신입인재	
	2-2. 업무능력 향상	일반인재	
	2-3. 관리역량 강화	관리인재	
	2-4. 핵심역량 강화	리더인재	
3. 활동주제	3-1. 관계활성화 멘토링 3-2. 조직정착 멘토링 3-3. 업무OJT 멘토링	신입인재	
	3-4. 업무능력 향상 멘토링 3-5. 경력개발 멘토링 3-6. 지식·기술 이전 멘토링	일반인재	
	3-7. 관리역량 강화 멘토링 3-8. 인재개발 멘토링 3-9. 독서개발 멘토링	관리인재	
	3-10. 핵심역량개발 멘토링 3-11. 핵심인재개발 멘토링 3-12. 노사화합 멘토링	리더인재	

1-1. 환경분석실무

멘토링 도입에 앞서 우리 조직의 환경분석이 먼저 이루워져야 한다. 소통지수기법, 인간존중기법, 열정지수기법, SWOT기법 중에서 각 계층별로 특성에 맞게 선택하여 적용하고 그 후에 조직의 긴급사항, 우선사항, 중요사항 등을 참작하여 도입을 추진하면 효과적이다.

1. 소통지수진단(신입직원용)

1) 소통지수 자가진단방법

오늘날 우리 사회는 정보와 다양화 특성의 다양화로 인하여 남다르게 소통에 대한 준비 없이는 고통이 따르고 관계를 이어가기 어렵고 힘든 사회다. 소통하기 위해서는 효과적 커뮤니케이션이 필요하며 먼저 타인을 배려하는 입장에서 생각하고 경청에 유의해야 한다. 우리의 소통지수를 알아보고 필요한 부분을 적극적으로 개선하기 위해 노력해보기로 하자. 아래 각 설문 항목마다 5점 만점(5-4-3-2-1)으로 테스트해보라.

NO	원칙	자기진단 내용	Check
1	공감 원칙	다른 사람을 만날 때 상대방과의 차이를 인정하는가?	
2		상대방에 대해 알고자 노력하는가?	
3		상대방의 심정과 생각을 이해하고자 노력하는가?	
4		자기 이야기를 격의 없이 질문하는 편인가?	
5	경청 원칙	말하기보다는 상대방의 이야기를 듣는가?(양적 입장)	
6		상대방의 이야기를 진지하게 깊게 듣는가?(질적 입장)	
7		사람을 만날 때 의상과 외모에 신경을 쓰는가?	
8	통합 원칙	말할 때 상대방을 설득하기 위해 제스처를 사용하는가?	
9		이야기를 할 때 상대방과 눈을 마주치는가?	
10		상대방에게 부드럽게 이야기하는가?	
11	스토리 텔링 원칙	상대방과 막힘없이 많은 이야기를 할 수 있는가?	
12		다른 사람의 이야기 등 사례를 많이 말하는가?	
13		상대방에게 말할 때 조리 있고 짜임새 있게 이야기하는가?	
14	명료성 원칙	상대방에게 말할 때 이야기 주제가 명료한가?	
15		상대방에게 말할 때 주제가 논리적이고 출처가 분명한가?	
16	반복 자극 원칙	상대방에게 자기 주장을 반복해서 설득하는가?	
17		타인과 만날 때 자기만의 매력을 보이려고 노력하는가?	
18		누군가를 만났을 때 타인을 배려하는 매너가 있는가?	
19	진정성 원칙	누군가 만났을 때 상대방에게 집중하는가?	
20		상대방에게 하고 있는 말과 행동이 일치하다고 보는가?	

2) 자기점검 등록표

등급	득점점수	평가	평가내용
1등급	90점 이상	소통의 달인	어떠한 상황에서도 차이를 인정하고 소통을 시도한다. 경청을 통해 다른 사람의 의견을 먼저 받아들이고 자신의 의견도 상황에 맞게 적절히 전달한다. 항상 상대방을 최우선으로 하여 소통한다. 역사적 인물이나 성인의 반열이다.
2	80	원활한 소통	소통을 하고자 매사 노력한다. 여건이 허락하면 차이를 인정하고 좋은 관계를 맺고자 노력한다. 주변 사람에게 친화력이 좋은 사람으로 인정받으며 매력적인 인물로 주변에 사람이 모인다.
3	70	평범한 소통	소통의 중요성을 인식하고 소통하고자 시도하지만 안 되는 경우가 종종 발생한다. 자신의 이익과 관련된 문제가 개입되면 소통보다는 일방적 주장으로 상대방을 설득하고자 한다.
4	55	일방적 소통	소통을 자신의 주장이 관철되는 것으로 이해한다. 자신의 주장을 모두 전하는 것이 좋은 소통이라 생각하고 특히 자신의 매력을 높이는 것에 몰두하지만 상대방에게 잘 집중하지는 않는다.
5	55점 이하	불통의 단계	타인과 차이를 인정하지 못할 뿐 아니라 자신의 메시지 자체도 효과적으로 전달하지 못한다. 관계형성이 안 되며 나중에는 만남 자체를 꺼린다.

자료: http://Zimm.blog.me/40094294031

2. 인간존중 지수진단(일반직원용)

1) 인간존중 진단개요

21C 멘토링 기법으로 먼저 구성원에게 인간존중 분위기를 조성하고 1:1 한마음 공동체로서 역량을 개발하여 그 역량을 발휘하게 하고, 그 역량을 이전하여 조직의 위기를 극복하면서 조직의 질적, 양적 성과를 거두고 결국 행복하고 열정이 넘치는 희망찬 미래조직 건설을 목적으로 하고 있다.

(1) 인간성(Humanity) 경영으로 외형에 염두를 두는 생산성(Produtivity) 경영과 균형을 이루는 인간존중 경영방식으로 구성원 개인의 만족감과 조직의 효율성을 목적으로 한다.

(2) Two way 경영으로 경영자는 큰 사장으로서 양적으로 인재를 양성하고 멘토는 작은 사장으로서 질적으로 인재를 양성하는 위임(Delegation)을 통한 인재개발 방식이다.

(3) CRM(Customer Relation Management) 경영으로 외부고객과 내부사원과의 관계를 제대로 관리하여 내외부 고객을 동시에 만족시키는 전 사원 멘토화 방

식이다.

(4) 행복한 가정에서 아버지와 어머니처럼 직장에서도 아버지와 같은 업무 중심의 상사와 따뜻한 어머니와 같은 멘토와의 Hightech와 Hightouch로 균형 경영 방식이다.

(5) Mindship로 신뢰와 존경을 최우선으로 경영자가 구성원의 마음을 얻어 화목하고 행복한 직장을 만드는 방식이다.

탁월 81~100	우수 61~80	보통 41~60	미흡 21~40	위기 0~20

2) 인간존중 진단방법

본 점검표는 각 조직의 절대평가이기 때문에 설문에는 어느 것이 맞고, 틀리다고 할 필요는 없다. 작성자는 조직의 전체를 알 수 있는 자 또는 멘토로 참석자와 경영간부급에서 선발자로 구분하여 평가하고 그 차이와 결과를 비교 분석한다. 다음의 각 설문을 읽고 2점 만점에 실제 점수를 아래 공란에 기록하라.

탁월	우수	보통	미흡	부족
2	1.5	1	0.5	0

주제	번호	진단설문도구	점수
인간성경영 Humanity	1	우리 조직은 구성원을 위한 포용력이 넓다.	
	2	한 사람의 가치를 업무보다 더 중시한다.	
	3	먼저 적성에 맞게 보직 배치를 한다.	
	4	구성원들이 회사의 비전이나 목표를 뚜렷이 알고 있다.	
신뢰경영 Twoway	5	구성원들을 신뢰하여 위임전결이 확대되어 있다.	
	6	부서 간 업무, 상하 간 대화가 잘 이뤄지고 있다.	
	7	경영층의 언행일치로 구성원들에게 신뢰도가 높다.	
	8	새 방침 시행 전에 구성원들에게 알려 공감대가 이뤄진다.	
만족경영 CRM	9	우리 조직의 제품이나 서비스 품질은 우수하다.	
	10	구성원들의 전문성을 위하여 적극 투자한다.	
	11	구성원 개인별 자료파일(Data Base)로 인사관리를 한다.	
	12	경영자가 사원들에게 약속한 내용은 틀림없이 지킨다.	

	13	구성원들이 특별히 독서를 많이 하는 편이다.	
감성경영 Hightouch	14	구성원들의 성격유형과 취미나 특기가 계발되어 있다.	
	15	가족적인 분위기와 팀워크가 중요시되어 있다.	
	16	업무 이외의 인간적인 배려와 개인생활도 지원해준다.	
마음경영 Mindship	17	고충 처리 등 슬럼프에 빠진 구성원을 바로 챙겨준다.	
	18	공로상, 모범상, 우수상 등 표창을 받은 구성원이 많다.	
	19	구성원들이 일한 만큼 대우를 받아 만족도가 높다.	
	20	우리 조직은 책망보다 칭찬을 훨씬 많이 한다.	
합계		간부급 평균( ) 멘토 관리자 그룹평균( )	

3. 열정지수진단(관리팀장용)

1) 열정지수 진단방법

- 열정지수(P.I)는 현재 회사의 환경분석으로 구성원 개인의 만족감과 행복 정도를 측정해보는 것이다. 아래 각 설문 항목마다 5점 만점(4-3-2-1)으로 테스트하라.

NO	설문항목	4	3	2	1	0
1	힘든 시기에 직원들 대부분이 110%의 에너지를 발휘한다.					
2	직원들이 타사 동료들에게 회사를 추천한다.					
3	일하기 좋은 직장으로 평이 나 있으며, 좋은 경력의 지원자들이 몰린다.					
4	회사생활에 만족하는 직원이 많아 이직이 적다.					
5	직원의 스트레스로 인한 생산력 저하가 적다.					
6	혁신에 대해 끊임없이 고민한다.					
7	고객이 회사와 회사의 제품에 대해 높은 만족도와 충성도를 가지고 있다.					
8	매년 성장을 거듭한다.					
9	기업의 성장에 도움이 되는 직원을 뽑는 능력을 가지고 있다.					
10	기업의 이미지, 재정상황, 성장률에서 국내 랭킹 상위권에 든다.					
11	직원들에게 성과에 따라 충분하게 보너스를 제공한다.					
12	직원들이 창의력을 발휘할 수 있는 프로그램을 가지고 있다.					
13	직원들이 오너의 입장에서 회사에 대해 고민할 수 있는 문화를 가지고 있다.					
14	유통업체, 협력업체들과 좋은 관계를 유지한다.					
15	고객에게 최상의 제품과 서비스를 제공해 고객을 회사 전도사로 만든다.					
16	매출의 50% 이상이 기존고객들에 의해 발생한다.					
17	직원들에게 적당한 업무시간을 제공하고 시간적 여유를 주고 있다.					
18	크로스 트레이닝(자신의 업무가 아닌 타 부서의 업무도 훈련을 받아 다른 부서에서 인력이 필요할 때 바로 투입될 수 있는 인력)을 하고 있다.					
19	아랫사람들이 자유롭게 상사와 이야기할 수 있다.					

20	기업 내부에서 경력을 쌓은 직원들의 승진 기회가 많다.					
21	직원들의 열정을 북돋워주는 프로그램을 상당수 가지고 있다.					
22	인턴십이 채용으로 이어지는 비율이 높다.					
23	타 경쟁사의 능력자들이 우리 회사에 매력을 느낀다.					
24	직원들이 업무시간 외에도 회사에 대해 좋은 말을 한다.					
25	어려운 시기에 직원들이 자발적으로 연봉을 줄인다					
종합평가(합계 점)	100~76	75~51	50~26	25~0		
	열정 충만	열정 쌓음	열정 문제	열정 없다		

2) 열정지수 진단결과 분석

열정 등급표는 여러분의 조직이 '열정이 충만한' 환경을 창조해야 할 필요성이 얼마나 되고 또 그를 위한 준비는 얼마나 했는지를 매우 개략적으로 가늠해보는 지표에 불과할 뿐이다. 이 등급표의 목적은 조직으로 하여금 '열정이 충만한' 조직이 되면서 얻게 될 리더십과 관련된 행동들과 조직적 특성들을 파악하는 과정을 시작하도록 돕는 것이다.

점수	평가
0~25	열정이 없다.
26~50	열정에 문제가 있다.
51~75	열정을 쌓고 있다.
76~100	열정이 충만하다.

4등급: 0~25 열정이 없다

열정이 없는 조직의 범주에 속한다. 이러한 조직에는 무기력, 불만, 비예측성, 높은 이직, 혼란, 부진한 성과 등이 나타난다. 이 정도로 열정이 아주 없는 조직은 매우 드물다. 대부분 어느 정도 열징을 보여 주기 때문이다. 그게 아니라면 살아남기 힘들다. 열정이 없는 조직은 일반적으로 살아남기 위해 몸부림치거나, 망하거나, 문을 닫거나, 급진적 구조조정 대상이 된다.

3등급: 26~50 열정에 문제가 있다

여러분의 조직의 점수는 26~75 사이일 가능성이 많다. 즉, 열정에 문제가 있거나 열정을 쌓고 있는 중이다. 26~50에 속하는 열정에 문제가 있는 조직은 열정결핍에 따른 부정적인 영향 때문에 고생을 하지만 0~25에 속하는 조직보다는 그 정도가 덜하다. 아마도 이러한 조직에 속하는 사람들은 조직에 계속 관여하면서 적절한 업무성과를 낼 수 있을 정도로 약간의 열정은 가지고 있을 것이다. 그러나 조직이 살아남는다고 해도 조직 내 많은 사람들에게 혜택을 주지 못한다. 열정에 문제가 있는 조직은 불균형, 좌절, 부적절함, 모호함, 평범한 업무성과 등을 특징으로 하며, 조직의 이직률은 높지도 낮지도 않은 편이다.

2등급: 51~75 열정을 쌓고 있다

열정을 쌓고 있는 조직은 구성원들의 관심을 유도하고 그들에게 권한을 위임하는 열정에 가까운 기질을 보여 준다. 조직은 열정을 개발할 만한 적절한 프로그램을 갖고 있을 수도 있고 그렇지 않을 수도 있지만 어쨌든 잘 돌아간다. 그 결과 관심, 격려, 평등, 책임감, 명료함, 생산성 등의 단어가 어울리는 분위기가 조성된다.

1등급: 76~100 열정이 충만하다

열정으로 충만한 조직은 열정의 힘을 이해하고, 열정을 쌓기 위해서 능동적으로 애쓰며, 열정이 주는 많은 혜택들을 향유한다. 이러한 조직은 열의, 흥분, 지속, 충성, 성취, 풍부를 특징으로 한다.

4. SWOT 분석(CEO임원용)

자신의 가장 핵심적인 목표를 대상으로 하지만 직업이나 전문성, 나만의 경쟁력, 그리고 이들을 모두 통합한 하나의 목표에 대해 분석해보자. 외부환경 등은 자기에게 유리하게 해석하기보다는 관련 전문가나 코치 멘토 등을 활용하여 최대한 정확한 분석을 수행하는 것이 좋다. 강점과 약점은 개인의 장점, 강점, 전문성, 지식, 경험, 약점, 습관 등을 토대로 정리하는 것이 좋다.

성명 :	조직:	20 년 월 일	
10년(20년) 뒤 나의 목표			
S(Strenth)---강점		W(Weakness)---약점	
1) 2) 3) 4) 5)		1) 2) 3) 4) 5)	
O(Opportunities)---기회요인		T(Threats)---위협	
1) 2) 3) 4) 5)		1) 2) 3) 4) 5)	
목표달성을 위한 전략도출			
1) 2) 3) 4) 5)			

1-2. 추진목적

1. 추진목적: 신입직원 조기정착 멘토링

멘토링 목적으로 신입 조기정착은 먼저 분명한 목표를 설정하고 다음으로 1:1
로 상급자 멘토와 신입직원과 존경과 신뢰관계를 유지하면서 단기간 내 고효율
저비용의 효과를 얻고자 하는 새로운 기법이다.

1) 멘토링 활동 3가지 목표설정

목표 1. 인간관계 촉진

신입멘제들이 겪는 심리적·사회적·정서적 문제에 대한 멘토의 조언과 함께
고민을 풀 수 있는 자리를 마련해준다.

목표 2. 직장 조기 정착

멘토와 신입멘제를 연결, 교류기회를 확대하여 동료의식을 고취하고 신속한 적응을 유도하여 직장 정착률을 향상한다.

목표 3. 업무 조기 숙달

멘토와 신입멘제를 연결하여 직장생활에서 다양한 정보와 지식을 제공함으로써 성장잠재력을 개발하고 자기계발의 기회 제공하여 업무능력 향상에 기여한다.

2) 활동기간: 12개월
3) 활동시종: 2012.07.01~2013.06.30
4) 멘제그룹: 후배직원 20명(1년 이내 신입직원 대상)
5) 멘토그룹: 선배직원 20명(3~5년차 기존직원 대상)

2. 추진목적: 일반직원 업무능력향상 멘토링

멘토링 목적으로 업무능력 향상은 먼저 분명한 목표를 설정하고 다음으로 1:1로 상급자 멘토와 후배직원과 존경과 신뢰관계를 유지하면서 단기간 내 고효율 저비용의 효과를 얻고자 하는 새로운 기법이다.

1) 업무능력향상 3가지 목표설정

목표 1. 업무능력 향상

멘토가 멘제의 업무능력 향상을 돕고 개인의 성장을 도와 멘토 자신의 후계자를 키움으로써 자신도 조직 내에서 리더십을 인정받아 승진기회가 높아지는 이익도 생길 수 있다. 또한 멘토를 역할모델로 보고 그에게서 직접적인 지원·조언을 받게 되는 멘제 역시 인간관계 촉진과 업무성과 달성으로 직장에서 경쟁력을 인정받을 수 있다.

목표 2. 경력개발 촉진

멘토들은 멘제로부터 새로운 관점과 아이디어를 얻어 자신의 개발에 활력이 될 수 있다. 특히 경영현장에서 1:1 도제방식으로 멘토링 관계가 이루어짐으로써 마케팅, 생산관리, 재무회계, 인사조직, 경영전략 등에서 전문지식과 기술연마로 경력개발에 앞장설 수 있게 된다.

목표 3. 자율학습 경영

멘토링 정기 및 수시 미팅에서 멘토는 자율활동으로 멘제에게 보다 집중된 학습을 제공하여 실생활에서 관리 및 리더십 테크닉을 익힐 수 있게 해준다. 특히 멘토 그룹이나 멘제 그룹별로 특성과 형편에 맞는 특강수강, 전문주제 등을 집중 연구하고 토론의 장을 마련한다.

2) 활동기간: 12개월
3) 활동시종: 2012.07.01 ~ 2013.06.30
4) 멘제그룹: 후배직원 20명(수습 후 정규직원 대상)
5) 멘토그룹: 선배직원 20명(관리자급 기존직원 대상)

3. 추진목적: 팀장 관리역량 강화 멘토링

멘토링 목적으로 팀장 관리역량 강화는 먼저 분명한 목표를 설정하고 다음으로 1:1로 상급자 멘토와 팀장과 존경과 신뢰관계를 유지하면서 단기간 내 고효율 저비용의 효과를 얻고자 하는 새로운 기법이다.

1) 멘토링 활동목표 3가지 선정

목표 1. 인간관계성 역량개발

(1) 성격 역량개발
(2) 감성 역량개발

(3) 인성 역량개발

목표 2. 업무효율성 역량개발

(1) 지식경영 역량개발

(2) 업무숙달 역량개발

(3) 경력개발 역량개발

목표 3. 인재리더십 역량개발

(1) 인간존중 리더십 역량개발

(2) 자율학습 리더십 역량개발

(3) 전인생활 리더십 역량개발

2) 기간: 12개월

3) 활동시종: 2012.07.01~2013.06.30

4) 멘제그룹: 팀장직급 20명

5) 멘토그룹: 상위직급 20명

4. 추진목적: CEO임원 핵심역량 강화 멘토링

멘토링 목적으로 CEO임원 핵심역량 강화는 먼저 분명한 목표를 설정하고 다음으로 1:1로 멘토와 멘제로 CEO임원과 존경과 신뢰관계를 유지하면서 단기간 내 고효율 저비용의 효과를 얻고자 하는 새로운 기법이다.

1) 멘토링 활동목표 3가지 선정

목표 1. 조직개발 역량개발

(1) 인재 역량개발

(2) 업무 역량개발

(3) 성과 역량개발

목표 2. 핵심인재 역량개발

(1) 인간성 역량개발

(2) 생산성 역량개발

(3) 리더십 역량개발

목표 3. 핵심업무 역량개발

(1) 제품 개발력 역량 개발

(2) 제품 기술력 역량 개발

(3) 제품 경쟁력 역량 개발

2) 기간: 12개월

3) 활동시종: 2012.07.01～2013.06.30

4) 멘제그룹: CEO 및 임원급 20명

5) 멘토그룹: 상위직 및 사내외 인사 20명

1-3. 활동주제

1. 신입직원 조기정착 멘토링

추진배경	현재 우리 조직 사회는 20대 성인 초기에 진정으로 마음을 열고 대화를 나눌 상대를 찾는 것에 꽤나 힘겨워하고 있는 실정이다. 학교를 갓 졸업한 직장 초년병은 호기심과 두려움의 연속이라고 볼 수 있다. 특히 가정과 학교생활은 유달리 한국적인 학력우위 의식에서 수년간을 자유분망한 생활이 지속되고 마침내 준비 없이 사회에 첫발을 딛게 된다. 그러나 직장은 이러한 20대의 특수성을 감안하지 않고 길들이기식의 신입직원 교육이 이어져 순간적인 효과는 있으나 미봉책에 불과하다. 이제는 새로운 틀인 1:1 멘토링 기법으로 고효율 저비용의 효과를 얻고자 한다. [활동목표] 목표 1. 인간관계 촉진 목표 2. 업무조기 숙달 목표 3. 직장조기 정착

추진기본 사항-5	활동목표: 신입직원 조기정착 멘토링 활동기간: 12개월 활동始終: 2012.07.01~2013.06.30 멘제기준: 신입직원(또는 신입 1개월 미만인 자 등) 멘토기준: 선배사원(또는3~5년차 선배사원)
기대효과	신입직원 멘제에게 멘토를 연결하여 직장생활에서 다양한 정보와 지식을 제공함으로써 성장잠재력을 개발하고 나아가 자기개발의 기회를 제공한다. 직장에서 신입직원 멘제들이 겪는 심리적, 사회적, 정서적 문제에 대한 유경험자 멘토들의 조언과 함께 고민(Slump)을 풀 수 있는 자리를 마련해준다. 신입직원 멘제들이 형님과 같은 멘토들과 교류기회를 확대하여 동료의식을 고취하고 신속한 적응을 유도하여 정착률을 향상시킨다.

2. 일반직원 업무능력향상 멘토링

추진배경	1. 추진목적 업무능력향상 차원에서 자율학습 멘토링 프로그램으로 현재 다루고 있는 정규업무를 전문가, 경력자, 자격자로 업그레이드를 목적으로 한다. 2. 추진업무 1) 인사조직 업무 2) 재무회계 업무 3) 대민관리 업무 4) 마케팅 및 서비스 업무 5) 부서 및 기관 운영전략 업무 6) 기타 단위조직마다 특성에 맞게 업무조정 3. 추진목표 **목표 1. 업무능력 향상** **목표 2. 경력개발 촉진** **목표 3. 자율학습 경영**
추진기본 사항-5	활동목표: 업무능력향상 멘토링 활동기간: 12개월 활동始終: 2012.07.01~2013.06.30 멘제기준: 해당업무 신입사원, 전입사원 미숙사원 등(해당업무 업그레이드 대상사원) 멘토기준: 해당업무 경력 및 전문사원(관리자급 이상에서 우수 선정)
기대효과	1) 자율학습으로 업무능력 향상으로 전문가, 고급관리자를 양성한다. 2) 개인의 만족감과 조직의 효율성으로 개인과 조직이 상생한다. 3) 체계적인 인재개발로 인간성 바탕 위에 생산성 효과를 얻는다. 4) 자율적인 사명감으로 저비용 고효율의 효과를 얻는다. 5) 조직의 업무가 전략적으로 이루어져 조직의 충성도를 높인다.

3. 팀장 관리역량 강화 멘토링

추진배경	조직에서 앞으로 핵심인재로 세울 대상자와 핵심업무에 종사 대상자를 1:1로 연결하여 조기 전력화시키는 프로그램으로 특히 상하 간 대화촉진과 부서 간 업무협조를 배려한다. 1. **인간성 차원**: 멘토와 멘제 상호 간 신뢰와 존경으로 먼저 구성원 한마음 공동체로 관계를 촉진한다. 2. **효율성 차원**: 기관 고유업무인 대민·서비스, 인사·조직, 재무·회계, 운영전략 등에서 핵심업무를 선정하여 멘토를 통해 12개월 동안 집중적으로 업무, 기술, 지식, 노하우 등을 전수한다. 3. **리더십 차원**: 조직의 중간지도자로서 멘토의 전인적인 리더십으로 지적, 정적, 의적 면에서 멘토링 방식의 핵심인재개발 요건을 작성하고 전수한다. －선후배 대화 활성화 －부서 간 업무 협조화 －먼저 인간적으로 Human Net Work 형성 [활동목표] 목표 1. 인간관계성 역량 개발 목표 2. 업무효율성 역량 개발 목표 3. 인재리더십 역량 개발
추진기본 사항-5	활동목표: 팀장 인재개발 멘토링 활동기간: 12개월 활동始終: 2012.07.01～2013.06.30 멘제기준: 후배직원(진급예정자나 진급자 핵심업무 맡을 자) 멘토기준: 리더십이 있는 관리자급 이상(관리자급 이상에서 멘제 인원만큼 선발한다)
기대효과	1) 자율학습으로 업무능력을 향상하여 전문가 고급관리자를 양성한다. 2) 개인의 만족감과 조직의 효율성으로 개인과 조직이 상생한다. 3) 체계적인 인재개발로 인간성 바탕 위에 생산성 효과를 얻는다. 4) 자율적인 사명감으로 저비용 고효율의 효과를 얻는다. 5) 조직의 업무가 전략적으로 이루어져 조직의 충성도를 높인다.

4. CEO임원 핵심역량개발 멘토링

추진배경	CEO임원 경쟁력 강화를 위한 지식경영 프로그램으로 <핵심 역량전수 1:1 프로그램>이다. 임원급 이상자를 멘토로 하여 핵심역량, 업무, 기술 등을 전수하고 아울러 인격적인 차원에서 전문적, 정서적, 의지적인 분야의 핵심역량을 전수한다 [핵심역량대상] 1. 전문지식 2. 핵심기술 3. 노하우 업무 4. 특수정보 5. 자격, 특허, 지적재산권 등 **GE Group사례** **사례 1. 식스시그마 핵심업무향상 멘토링** GE그룹의 상징 경영기법으로 Six Sigma는 업무차이와 인간차이를 줄여 제품의 생산 수율을 최고로 높이고자 하는 것으로 30년간 유지함으로써 성공프로그램으로 인정받고 있다. 인간차이를 줄이는 방법으로 전 공정과 후 공정 간에 멘토 시스템을 도입하여 업무차이뿐만 아니라 인간적으로 한마음으로 인간벨트를 구축하여 성공률을 높이는 멘토링이다.

추진배경	**사례 2. 인터넷 핵심역량개발 멘토링** GE그룹 임원들의 업무취약 부문인 인터넷을 업그레이드하는 멘토링으로 임원 600명과 인터넷 기술이 우수한 젊은 사원 600명을 역(Reverse)으로 연결하여 6개월간 1:1로 진행하여 세계 최초 성공적인 성과를 거둔 임원 멘토링이다. [활동목표] 목표 1. 조직개발 역량 개발 목표 2. 핵심인재 역량 개발 목표 3. 핵심업무 역량 개발
추진기본 사항-5	활동목표: 핵심역량 개발 멘토링 활동기간: 24개월 활동始終: 2012.07.01~2013.06.30 멘제기준: 관리자급 이상 핵심역량을 얻고자 하는 사원(조직의 핵심업무나 일반핵심역량을 얻고자 하는 사원) 멘토기준: 임원급 이상자(CEO 임원급 이상 핵심역량을 소지한 우수사원 선정)
기대효과	1) 지식경영 활성화로 회사 핵심역량 노하우를 보존한다. 2) 구성원의 역량집결로 조직의 인재경쟁력을 갖춘다. 3) 잠재된 암묵지를 형식지화로 전 직원의 지식경쟁력을 갖춘다. 4) 인간성 개발 프로그램으로 인간성·생산성 균형경영이 이루어진다. 5) 상호 남을 배려하는 마음으로 결국 애사심으로 연결된다.

■ 교육과정 실무개요

멘토링 교육의 특징은 멘토/멘제를 인간관계 촉진, 업무효율성 그리고 인재개발, 리더십 개발을 목적으로 학습하며 우선 학습에 몰입할 수 있도록 아래 5가지를 배려한다.

1. **콤비:** 멘토링 대상자 두 사람을 콤비로 참여하거나 교육현장에서 수강자끼리 연결하여 진행한다. 수강자의 요청 시 교육수료 후 365일 1년간 컨설팅 차원에서 콤비별로 사후관리 및 자료서비스를 제공한다.
2. **교재:** 교육 과정마다 출간교재가 선정되어 올바른 이론과 체계적인 실행 프로그램을 갖춰 진행된다.
3. **방식:** 교육과정은 현장사례중심(PPT와 동영상), 논리, 재미, 감동의 방식으로 액티브(Active=몸 운동 동작을 가미)하게 진행된다.
4. **강사:** 멘토링 지도사 자격을 취득한 전문강사로 교육과정의 지루함을 피하여 단위 업체와 상의하여 2시간마다 별도 강사를 배정하거나 남/여 강사, 장년/젊은 강사 등을 주문형으로 선택이 가능하다.
5. **진단:** 수강자 개인에 관한 특성이나 교육과정에 맞게 개인 예비진단이나 학습 도중에 진단도구를 사용하여 그 진단결과에 대응책을 마련한다.

■ 교육과정 내용소개

교육과정	자료일련 번호 NO	소속	비고
1. 멘토링 전문교육	1-1 전문인력 양성과정	공통	
	1-2 사이버 교육과정		
2. 멘토/멘제Workshop	2-1 직장 조기정착	신입인재	
	2-2 입무능력 향상	일반인재	
	2-3 관리역량 강화	관리인재	
	2-4 핵심역량 강화	리더인재	
3. 멘토링 특강과정	3-1 행복특강	신입인재	
	3-2 희망특강	일반인재	
	3-3 동행특강	관리인재	
	3-4 인성특강	리더인재	
4. 멘토/멘제 결연식	4-1 결연식 순서	공통	
	4-2 경연식 선서		

2-1. 멘토링 전문교육과정

1. 전문 멘토링 전문인력 양성과정

1) 교육목적: 프로그램 전문가, 인재개발 리더십, 인간 중심 조직문화 구축이
   목적임
2) 교육참가: 기업, 학교, 대학, 정부기관, 교회, 군대, 복지재단 등 조직의 임직원
3) 교육과정: 전문가 과정 20~40시간-사내 프로그램 전문가 양성과정
   전문강사 자격과정 60시간-사내 강사 양성과정
   컨설턴트 자격과정 80시간-사내 외 컨설턴트 양성과정

Contents 인간경영총서 10권	Manager 전문가 양성	Facilitator 전문강사	Consultant 컨설턴트
1. 인간경영 이해 Story	2	4	8
2. 인간경영 스킬 Skill	4	4	8
3. 인간경리더십 Leadership	2	8	8
4. 개인-인간경영 게임 Game	4	16	16
5. 조직-인간경영 도구 Tool	2	4	4
6. 인간경영 전략 Strategy	2	4	4
7. 인간존중 경영 Humanity		4	4
8. 생산성과 경영 Management		4	4
9. 인간경영 매뉴얼 Manual	2	4	4
10. 인간경영 사례 Case Study	2	8	20
합계	20H	60H	80H

[교육과정 효과]

1) 도입, 활동, 평가 프로그램을 체계 있게 관리할 때 저비용 고효율의 효과
2) 분명한 멘토링 목표가 있기 때문에 실패율을 줄이고 성공률을 높임
3) 멘토링 프로그램을 전문적으로 관리하게 됨으로 장기간 지속이 가능
4) 활동과정마다 적절한 프로그램으로 멘토/멘제들이 책임감과 안정감
5) 활동 종료 시는 목표율 평가에 의하여 생산성 여부를 점검 가능함

2. 전문 멘토링 사이버(Cyber) 교육과정

이 사이버 과정은 On-Line 과정으로 인터넷상에서 자율학습하는 과정이다. 특히 멘토 그룹 등 대량인원이 동시에 시간적 지역적 제한을 벗어나 자유롭게 학습할 수가 있어 최적의 프로그램으로 인정받고 있다. 멘토 대량인원 양성에 관한 12개월 약정방법을 안내한다.

1) 교육주소: www.cmko.com(사이버교육)
2) 교육대상: 멘토/멘제, 단체 모니터 추진팀, 멘토링 관리자, 인사교육 담당자
3) 교육시간: 5-15-20Hour
4) 교육기간: 20 Open Day
5) 교육경비: 100,000원/인당(교재별도 50,000원, 단체 DC)
6) 교육개강: 매월 1차-1일, 2차-11일, 3차-21일
7) 효과대상: 멘토 대량인원 양성교육에 최적의 과정임

Contents	관심과정	기본과정	전문과정
1. 멘토링 이해 Story	1	3	4
2. 멘토 활동촉진 단계 Skill-1	1	3	4
3. 멘토 활동촉진 기술 Skill-2	1	3	4
4. 인재개발 게임 Game	1	3	4
5. 운영성공 전략 Strategy	1	3	4
합계	5H	15H	20H
시간조절 Self Control	경청-5H	경청-5H 실습-10H	경청-5H 실습-5H 교재-10H

[교육의 효과]

1) 멘토링 원리와 현장 프로그램에 대한 올바른 이해를 갖는다.
2) 멘토/멘제 상호 간 관계 촉진 커뮤니케이션이 원활해진다.
3) 멘토/멘제가 미팅 시 소재 개발에 아이디어를 갖게 된다.
4) 멘토십이 개발되어 멘제를 양육하는 데 노하우를 갖게 된다.
5) 멘토는 리더십이 개발되어 회사의 핵심인재로 인정받게 된다.

2-2. 멘토/멘제 Workshop 과정

멘토링 활동 개시 전에 멘토/멘제 간에 먼저 상견례 차원에서 Workshop 교육과정을 개강하고 먼저 상호 간 인사 및 상견례, 멘토링 기본이해, 멘토의 역할, 소통기술, 미팅기술 그리고 상황을 참작하여 결연식 등도 진행한다.

선택 1. 멘토/멘제 1일 합동교육 후 다음날 멘토만 특성교육 진행

선택 2. 멘토/멘제 처음부터 끝까지 합동교육으로 진행

선택 3. 멘토/멘제 별도 일정으로 교육 진행

1. 신입직원 과정

Module	Hour	Contents	Style	Speaker
인간성 개발 Game	1	성격개발 게임	예비진단 20분 대응토론 30분	멘토링코리아 강사팀
	1	감성개발 게임		
	1	인성개발 게임		
조기정착 향상 Strategy	2	관계개발	업무능력-3가지 분임토의 Diamond Relation Skill 소개	
		업무이해개발		
		조기정착		
리더십 개발 Skill	1	멘토자질 Skill	예비진단 20분 대응토론 30분	
	1	멘토역할 Skill		
	1	미팅활동 Skill		

[교육효과]

1) 멘토링 원리와 현장 프로그램에 대한 올바른 이해를 갖는다.

2) 멘토/멘제 상호 간 관계 촉진 커뮤니케이션이 원활해진다.

3) 멘토/멘제가 미팅 시 소재개발에 아이디어를 갖게 된다.

4) 멘토십이 개발되어 멘제를 양육하는 데 노하우를 갖게 된다.

5) 멘토는 리더십이 개발되어 조직의 핵심인재로 인정받게 된다.

2. 일반직원 과정

Module	Hour	Contents	Style	Speaker
인간성 개발 Game	1	성격개발 게임	예비진단 20분 대응토론 30분	멘토링코리아 강사팀
	1	감성개발 게임		
	1	인성개발 게임		
업무능력 향상 Strategy	2	업무능력개발	업무능력-3가지 분임토의 Diamond Career Skill 소개	
		경력개발개발		
		자율학습방법		
리더십 개발 Skill	1	멘토자질 Skill	예비진단 20분 대응토론 30분	
	1	멘토역할 Skill		
	1	미팅활동 Skill		

[교육효과]

1) 멘토링 원리와 현장 프로그램에 대한 올바른 이해를 갖는다.

2) 멘토/멘제 상호 간 관계 촉진 커뮤니케이션이 원활해진다.

3) 멘토/멘제가 미팅 시 소재개발에 아이디어를 갖게 된다.

4) 멘토십이 개발되어 멘제를 양육하는 데 노하우를 갖게 된다.

5) 멘토는 리더십이 개발되어 조직의 핵심인재로 인정받게 된다.

3. 관리팀장 과정

Module	Hour	Contents	Style	Speaker
인간성 개발 Game	1	성격개발 게임	예비진단 20분 대응토론 30분	멘토링코리아 강사팀
	1	감성개발 게임		
	1	인성개발 게임		
관리역량 강화 Strategy	2	성과개발 방법	관리역량-3가지 분임토의 Diamond Performance Skill 소개	
		업무개발 방법		
		경력개발 방법		
리더십 개발 Skill	1	멘토자질 Skill	예비진단 20분 대응토론 30분	
	1	멘토역할 Skill		
	1	미팅활동 Skill		

[교육효과]

1) 멘토링 원리와 현장 프로그램에 대한 올바른 이해를 갖는다.

2) 멘토/멘제 상호 간 관계 촉진 커뮤니케이션이 원활해진다.

3) 멘토/멘제가 미팅 시 소재 개발에 아이디어를 갖게 된다.

4) 멘토십이 개발되어 멘제를 양육하는 데 노하우를 갖게 된다.

5) 멘토는 리더십이 개발되어 조직의 핵심인재로 인정받게 된다.

4. CEO임원 과정

Module	Hour	Contents	Style	Speaker
인간성 개발 Game	1	성격개발 게임	예비진단 20분 대응토론 30분	멘토링코리아 강사팀
	1	감성개발 게임		
	1	인성개발 게임		
핵심역량 강화 Strategy	2	조직개발 방법	핵심역량-3가지 분임토의 Diamond Organization Skill 소개	
		핵심인재개발		
		핵심업무개발		
리더십 개발 Skill	1	인간존중 Skill	예비진단 20분 대응토론 30분	
	1	자율학습 Skill		
	1	전인생활 Skill		

[교육효과]

1) 멘토링 원리와 현장 프로그램에 대한 올바른 이해를 갖는다.

2) 멘토/멘제 상호 간 관계 촉진 커뮤니케이션이 원활해진다.

3) 멘토/멘제가 미팅 시 소재 개발에 아이디어를 갖게 된다.

4) 멘토십이 개발되어 멘제를 양육하는 데 노하우를 갖게 된다.

5) 멘토는 리더십이 개발되어 한마음 조직문화 구축에 기여한다.

2-3. 특강과정

1. 행복특강

1) 교육목적: 멘토링 이해와 분위기 조성을 목적으로 한다.
2) 교육대상: 조직의 임원이나 간부급, 가족 기타 고객 대상
3) 교육시간: 04~16H로서 시간선택이 가능
4) 교육내용: 멘토링 사례, 행복 Skill-5, 행복 Plus, 행복교육, 미팅활동, 현장답사체험
5) 교육방법: 수강자를 1:1(멘토/멘제)로 연결하여 특강교육에 체험학습으로 진행
6) 교육효과: 멘토링 활동이 가정의 아버지와 같은 상사와 어머니 같은 멘토를 통해 행복한 직장 만드는 방법을 숙지한다.

Hour	주제	Contents	진단Sheet	참고도서
2H	NO-1 행복 사례	1. 스타사례-김연아/오서 2. 역사사례-상도 임상옥 3. 경영사례-동양기전	우리 직장 행복지 수는 몇 점인가? [진단주제] 1. Humanity 2. Two Way 3. CRM 4. Hightouch 5. Mindship	1. 멘토링 활동촉진기술 2. 멘토링 인간존중경영 3. 내 인생을 변화시킨 멘토
2H~10H	주제-2 행복 Skill	1. 행복 칭찬 Skill 2. 행복 소통 Skill 3. 행복 감성 Skill 4. 행복 창의 Skill 5. 행복 열정 Skill		
2H	주제-3 행복 Plus	1. 멘토링과 행복 Plus 2. 경영모델 Jim Goodnight 3. 성경모델 룻/나오미 4. 우수 멘토 선정하기 5. 현장-장학재단 Korment		
2H	주제-4 행복 체험	1. 행복 교육과정 체험 2. 행복 미팅활동 체험 3. 행복 현장답사 체험		

2. 희망특강

1) 교육목적: 직장 구성원들에게 멘토링 희망찬 미래건설 방법을 학습하는 과정

2) 교육대상: 기업, 학교, 교회, 정부기관, 군대, 복지재단 등 임직원 가족 고객 등

3) 교육시간: 04~16H로서 시간선택이 가능

4) 교육내용: 멘토링 사례, 희망가치, 희망 Plus, 희망교육과정, 미팅활동, 현장 답사 체험학습

5) 교육방법: 수강자를 1:1(멘토/멘제)로 연결하여 교육에 체험학습으로 진행

6) 교육효과: 구성원 개인의 행복감과 조직의 희망찬 미래건설 방법을 숙지하여 전 사원 공동체 의식으로 역량 결집하는 데 유익한 과정이다.

Hour	주제	Contents	진단 Sheet	참고도서
2H	NO-1 희망 사례	1. 스타사례-조수미/카라얀		
		2. 역사사례-성웅 이순신		
		3. 경영사례-삼성 테크윈		
2H~10H	주제-2 희망 가치	1. 인성가치 개발	자기실현 리더십 진단-5Step [진단주제] Step 1. Position Step 2. Performance Step 3. Relation Step 4. Reproducting Step 5. Respect	1. 멘토링 인간가치 경영 2. 멘토링 인간존중 경영 3. 멘토링의 놀라운 힘
		2. 관계가치 개발		
		3. 리더가치 개발		
		4. 혁신가치 개발		
		5. 성과가치 개발		
2H	주제-3 희망 Plus	1. 멘토링과 행복 Plus		
		2. 경영모델-박성수 회장		
		3. 성경모델-바울/바나마		
		4. 우수멘토 모집하기		
		5. 현장 가족부-위민넷 멘토링		
2H	주제-4 희망 체험	1. 희망 교육과정 체험		
		2. 희망 미팅활동 체험		
		3. 희망 현장답사 체험		

3. 동행특강

1) 교육목적: 멘토링으로 가족, 고객, 협력업체, 지역주민과 공동체 구축방법을 학습함

2) 교육대상: 조직의 CEO 임직원, 가족, 고객, 협력업체, 지역주민 등 참여 가능

3) 교육시간: 04~16H로서 시간선택이 가능

4) 교육내용: 멘토링 사례, 동행 Life, 동행 Plus, 동행교육, 미팅활동, 현장답사 등 체험학습

5) 교육방법: 수강자를 1:1(멘토/멘제)로 연결하여 교육에 체험학습으로 진행

6) 교육효과: 멘토링을 통하여 조직의 영향권에 있는 가족, 고객, 협력업체, 지역주민까지 확실히 우군으로 동행함으로써 조직의 Brand 가치의 상승효과를 기대할 수 있다.

Hour	주제	Contents	진단Sheet	참고도서
2H	NO-1 동행 사례	1. 스타사례-이창호/조훈현		
		2. 역사사례-대장금/한 상궁		
		3. 경영사례-포스데이타		
2H~10H	주제-2 동행 Life	1. 생애 동행 마음진단	타인배려 적합성 Compatibility 리더십 [진단주제] 1. 타인배려-멘토 자질 2. 타인배려-멘토 역할 3. 타인배려-멘토 자생력	1. 멘토링 활동촉진기술 2. 멘토링 인간존중경영 3. 멘토링의 놀라운 힘
		2. 생애 동행 건강진단		
		3. 생애 동행 재능진단		
		4. 생애 동행 자금진단		
		5. 생애 동행 미래진단		
2H	주제-3 동행 Plus	1. 멘토링과 동행 Plus		
		2. 경영모델-이나모리 기즈오		
		3. 성경모델-다윗/요나단		
		4. 우수 멘토 추대하기		
		5. 현장 복지부 Human멘토링		
2H	주제-4 동행 체험	1. 동행 교육과정 체험		
		2. 동행 미팅활동 체험		
		3. 동행 현장답사 체험		

4. 인성특강

1) 교육목적: 멘토링의 핵심내용인 인격에 대한 기본적인 인식과 활용방안 학습

2) 교육대상: 기업, 학교, 교회, 정부기관, 군대, 복지재단 등 임직원 가족고객 등

3) 교육시간: 특강 형식의 시간 중심으로 04~16H로서 시간선택이 가능

4) 교육내용: 멘토링 사례, 인성 Plus, 인격적인 결정-5Step, 인성교육, 미팅, 현

장, 답사체험

5) 교육방법: 수강자를 1:1(멘토/멘제)로 연결하여 교육에 체험학습으로 진행

6) 교육효과: 멘토링의 핵심내용인 인격을 기본적으로 이해하고 특히 인격적으로 결정하는 5가지 Step을 학습하여 실생활에서 유익하게 활용이 가능하다.

Hour	주제	Contents	진단 Sheet	참고도서
2H	NO-1 인성 사례	1. 스타사례-박태환/노민상		
		2. 역사사례-동의보감 허준		
		3. 경영사례-삼양사		
2H~10H	주제-2 인성 Plus	1. 멘토링과 인격 Plus	나의 인격점수 지수는 몇일까? Star Game 지수 [진단주제] 1. 지식 Hightech 2. 마음 Hightouch 3. 건강 Highcare 4. 관계 Highrelation 5. 의지 Highcontrol	1. 멘토링 인격오디세이 2. 멘토링 인간존중경영 3. 멘토링의 놀라운 힘
		2. 경영모델-Steve Jobs		
		3. 성경모델-모세/여호수아		
		4. 우수 멘토 찾는 방법-10		
		5. 현장-이대 Wise 멘토링		
2H	주제-3 인격 결정 단계	Step 1. 생각-Thinking		
		Step 2. 언어-Talking		
		Step 3. 행동-Acting		
		Step 4. 습관-Customming		
		Step 5. 인격-Personaliting		
2H	주제-4 인성 체험	1. 인성 교육과정 체험		
		2. 인성 미팅활동 체험		
		3. 인성 현장답사 체험		

2-4. 멘토/멘제 결연식

멘토링은 멘토와 멘제가 자생력으로 일정 기간 멘토링 활동을 유지하는 데 첫 출발이 아주 주요한 과정이다. 신뢰와 존경심으로 출발 때부터 종료까지 함께한다는 것은 쉬운 일이 아니다. 그러므로 결연식은 조직에 큰 관심을 가지고 물심양면으로 지원과 격려를 해주어야 한다. 역시 활동을 마친 후 종료 시에도 마찬가지로 종료식을 거행한다.

1. 결연식 진행순서

-업체이름:

-결연일자:

-결연장소:

1	개회사	순서 담당자
2	멘토/멘제 선서 멘토 대표선서 멘제 대표선서	사회자 CEO
3	격려사	CEO
4	CEO 선물 증정(도서 등) 멘토 대표 멘제 대표	CEO
5	사진촬영(CEO와 함께) 단체사진 멘토 멘제 쌍별과 CEO 사진	사회자 CEO
6	축하만찬(아래에서 주최자 선택) 뷔페급 식사 바비큐 파티 음료 파티	사회자

기타 참고사항
1) 멘토 멘제 선서는 멘토 멘제 쌍단위의 대표가 아니고, 각각의 대표임
2) CEO의 선물은 도서, 결연식 후 멘토 멘제 전원 배부
3) 사진촬영은 CEO와 직접 하며, 나중에 액자에 넣어 전달할 것

2. 멘토/멘제 결연식 선서

[멘토링 공동체 신시]

저희는 멘토링 공동체안에서 한가족입니다. 상호 간 신뢰와 존경관계를 유지하면서 멘토링 활동 12개월을 함께하겠습니다. 저희는 인격을 존중하고 끝까지 돕는 마음으로 상호 간 인간성장을 사명으로 알겠습니다.

저희는 제1회 멘토링 파트너로서 선정됨을 자랑스럽게 여기며 임원님과 동료 앞에서 다음과 같이 선서합니다.

멘토대표

하나, 저는 멘토의 역할을 소중히 여기며 멘제의 역할 모델로서 멘제의 성장을 위해 깊은 관심과 노력을 기울일 것을 다짐합니다.

멘제대표

둘, 저는 멘제로서 언제나 바른 생각과 겸손 마음으로 항상 모범이 되어 멘토로 성장하는 데 최선을 다하겠습니다.

멘토/멘제 대표

셋, 우리는 멘토링 활동모임에 최우선을 두겠습니다.

넷, 우리는 미팅시간을 상호 성실히 지키겠습니다.

다섯, 우리는 멘토링 과정에서 알게 된 상호 간 비밀을 언제나 보호하겠습니다.

2012년 7월 1일

멘토대표:　　　　서명

멘제대표:　　　　서명

▣ 활동과정 실무개요

활동과정은 멘토/멘제가 12개월 동안 개인활동, 전체모임인 그룹활동 등을 위한 프로그램이다. 활동촉진을 위하여 주간별 서비스, 월간 서비스, 계간 서비스, 마지막 종료 서비스를 제공한다. 멘토링 활동에서 가장 핵심이 멘토/멘제 한 쌍, 즉 멘토링 셀(Mentoring Cell)이 첫째는 자연스럽게, 둘째는 자율적으로 활발하게 활동해주는 것이다. 외형적으로 아무리 투자가 많고 형식적인 프로그램이 잘 갖춰졌다 하더라도 이 셀이 움직이지 않으면 성과는 기대할 수 없는 것이다. 멘토링 추진 팀은 멘토의 자생력을 위해 최대한 지원하도록 하고 가능한 관리(Control)의식은 떨쳐 버려야 한다. 자연 번식하는 세포의 원리를 그대로 적용해야 한다. 멘토/멘제가 개인미팅 시 할 수 있는 프로그램을 아래 내용으로 소개한다. 각 조직마다 나름대로 특징 있게 준비하여 멘토/멘제가 자유롭게 선택하는 데 도움을 주기 바란다.

1. 정기미팅활동   2. 스포츠활동   3. 친목활동   4. 학습활동
5. 가정방문   6. 봉사활동   7. 문화활동

▣ 활동과정 실무자료

자료	자료일련 번호 NO	소속	비고
1. 미팅활동	1-1 미팅활동 7-Step	공통선택	
	1-2 미팅활동 6-Step		
2. 친목활동	2-1 친목활동 개인-1	공통선택	
	2-2 친목활동 개인-2		
	2-3 친목활동 그룹-1		
	2-4 친목활동 그룹-2		
3. 업무적용 활동	3-1 업무적응 5단계	신입인재	
	3-2 업무적응 모델	일반인재	
	3-3 업무적응 사례	관리인재	
	3-4 업무적응 프로세스	리더인재	

3-1. 미팅활동 실무

1. 미팅활동 7Step

멘토와 멘제는 주어진 기간 멘토링 활동에서 성공률을 높이기 위하여 미팅주기를 습관화하는 것이 무엇보다도 중요하다. 특히 각 조직에서 CEO의 결재를 얻어 일정 일시를 '멘토링데이'로 선포하는 것이 더욱 바람직하다(예: 매주 목요일 1시간 등).

그다음에는 주기적으로 미팅시간이 주 1회나 월간 2~3회 등으로 이뤄지게 되는데 이때 미팅시간을 효율적으로 나누기 위하여 아래 내용으로 진행순서를 7Step 모델로 정하여 선보인다.

특별히 유의할 것은 미팅시간이 1시간이 될 수도 있지만 별도 야외친목교제를 나눌 경우는 하루도 될 수 있음을 알아야 한다.

멘토/멘제가 미팅 당일에 당황하거나 부담되지 않게 이 진행 시나리오를 사전에 학습해두면 크게 도움이 될 것이다.

[미팅활동 7Step 모델]

Step 1. **환영기술**-Welcoming
마음의 문을 열고 환영해줄 수 있는 방법을 찾으라(Ice Breaking!).

Step 2. **질문기술**-Counseling
멘제의 질문을 상담할 내용을 사전에 준비해서 거리낌 없이 이야기를 나눈다.

Step 3. **답변기술**-Teaching
멘토가 경청한 후 답변해주고 상담해주고 준비한 업무, 기술, 지식 등을 전한다.

Step 4. **토론기술**-Freetalking

상호 간 미팅소재개발을 주제로 멘토링 활동 목표달성을 위한 토론을 갖는다.

Step 5. **친교기술**-Coaching

친목교제로 식사, 영화, 오락, 취미, 운동, 등산, 서점, 가정방문 등을 갖는다.

Step 6. **준비기술**-Planning

다음 주 활동목표 계획서와 Step 4에서 토론한 내용과 의논된 것을 챙긴다.

Step 7. **종료기술**-Ending

오늘의 미팅시간을 악수, 허그 등 해피엔딩(Happy Ending)으로 장식한다.

2. 미팅활동 6단계(Step)

멘토와 멘제가 도입과정(Setting Process)에 들어서서 실제적인 활동에서는 준비, 협정, 실행, 피드백 제공, 장애물 제거, 마무리 등의 6단계(6Step)를 거치게 된다. 멘토와 멘제는 이러한 단계들을 거치면서 각자 맡은 역할을 수행하게 된다. 이 가운데 만약 어느 한 단계라도 소홀히 취급되거나 생략된다면, 그 멘토링은 멘토와 멘제 모두에게 지극히 만족스러운 것이 되기 어려울 것이다. 이제부터 앞에서 언급한 멘토링 활동 6단계(Step)에 대해 좀 더 구체적으로 살펴보기로 하겠다.

Step 1. 준비단계

Step 2. 협정단계

Step 3. 실행단계

Step 4. 피드백단계

Step 5. 장애물제거단계

Step 6. 마무리단계

Step 1. 준비단계

1) 멘토가 할 일: 개인목표로 인격개발을 목표로 삼고 멘제를 최종적으로 멘토로 재생산(Reproducting)하는 것이다.

2) 관리자가 할 일: 조직목표로 성과개발을 목표로 삼고 12목표 중에서 실정에 맞게 설정하고 도입에 필요한 5가지 선행조건을 작성한다.

Step 2. 협정단계

1) 멘토가 할 일: 선서문, 서약서, 상호 간 약정서 작성과 미팅플러스 전략과 미팅시간 시나리오 숙지한다.

Step 3. 실행단계

1) 멘토가 할 일: 개인활동을 주관하여 멘토/멘제 개인 정기미팅 활동-실천카드 작성 및 친목활동을 한다.

2) 관리자가 할 일: 그룹활동을 주관하여 전체 쌍계 간 그룹활동-친목활동 교육 수강 중간평가를 시행한다.

Step 4. 피드백단계

1) 멘토가 할 일: 멘제의 질문과 상담을 경청한 후 멘토의 학습권으로 답변과 교육 그리고 피드백을 제공하고 상호 간 미팅소재를 선정하여 토론(Free Talking)을 전개한다.

2) 피드백 제공 시 유의사항

(1) 멘제에게 주는 피드백은 솔직하고 긍정적이어야 한다.

(2) 피드백을 받는 것 또한 멘토가 개발해야 할 기술이다.

(3) 솔직한 피드백은 멘제에게 도움이 되는 것이 분명하지만, 때때로 멘토는 멘제의 저항이나 부정적인 태도를 각오해야 하는 경우도 있다.

(4) 피드백의 궁극적인 목적은 멘제의 행동과 활동방향을 조정하는 데 있다.

Step 5. 장애물제거단계

1) 멘토의 문제점: 바쁜 업무, 장기출장, 능력부족, 성격충돌 등의 장애문제를 대응한다.

2) 멘제의 문제점: 주의산만, 예의결례, 관계소홀, 부당요구 등의 장애문제를 대응한다.

3) 모니터 관여: 상호 간 해결되지 않을 시 모니터가 설문도구나 상담으로 문제를 대응한다.

4) 장애물 원인 제공

원인 1-장애물 중 일부는 멘제에게서 비롯되기도 한다.

원인 2-멘제가 멘토에게 과도하게 의지하거나, 멘토가 모든 문제에 대한 답을 주거나 활동전략을 책임질 것을 기대하는 경우도 있을 수 있다.

원인 3-다른 장애물로는 멘제가 아니라 멘토로 인해 발생하는 것들이 있다.

원인 4-한편 질투는 멘토와 멘제 모두에게 장애물이 될 수 있다.

Step 6. 마무리단계

1) 멘토가 할 일: 멘토링 관계를 보고서로 마무리하고 개인 간 지속여부는 자유의사로 결정한다.

2) 관리자가 할 일: 최종평가로 정성 및 정량평가와 멘토 인증서를 작성하고 종료식을 주관한다.모든 멘토링 관계에서는 끝이 있게 마련이다. 마지막을 계획하고, 그 이후의 잠재적 영향력을 이해한다면 두 파트너 모두에게 도움이 될 것이다. 마무리단계에서는 멘제의 성취와 멘토링 관계를 통한 양측의 이익을 확인하고 축하하게 된다.

3-2. 친목활동

1. 개인 친목활동-1

멘토링 친목활동은 멘토/멘제가 일상생활 안에서 쉽게 할 수 있는 활동들로 구성되어 있다. 멘제가 좋아하는 작은 것으로부터 멘제의 가정, 직장, 사회 전반에 영향을 미치는 것들에 대해 정서적인 면과 실제적인 도움을 줄 수 있는 친목활동들로 구성되어 있다.

소제목	세부내용
친밀감 형성	그동안 생활 나누기, 생일 챙겨주기, 마니또, 쪽지 보내기, 문자 보내기, 이메일 보내기, 게임, 차 마시기, 멘제가 좋아하는 음식으로 식사하기, 멘토/멘제 집 방문하기, 그림으로 자기 표현하기(잡지책, 신문, 전지, 색종이, 풀 등 활용)
진로지도	인터넷 정보검색, 도서관, 서점, 전공 확실하기, 나의 인생설계
자율학습지도	전문 도서구입, 자율학습방법 지도 등
문화 체험	박물관, 민속놀이 체험, 놀이공원, 일일여행, 눈썰매타기, 온천욕, 감따기, 송편짓기, 노래배우기, 보드게임
스포츠 체험	스포츠댄스, 에어로빅, 요가, 등산
건강 지원	건강진단
고민 나누기	힘든 부문 이야기, 현재 도움받고자 하는 내용 나누기
격려자 도와주기	자립할 수 있도록 정서적 지지 및 격려
관계 형성	멘제 가족과 관계 형성 위한 가정방문

2. 개인 친목활동-2: 멘토/멘제 개인활동 목적

멘토/멘제의 개인적인 주간미팅으로 친교 및 업무능력 향상 활동을 촉진하는 프로그램으로 조직에서는 멘토링 Day로 정하여 활성화해주어야 한다.

- 활동명칭: 멘토/멘제 개인 주간활동
- 활동참석: 멘토/멘제 개인 쌍별로 참석

활동주제	세부내용
1. 개인 역량개발을 위한 활동	- 도서관 탐방, 서점탐방 - 영화 동화 함께 읽기 - 멘토/멘제의 과거생활에 대한 정보를 교환하고, 습득하도록 도움 - 인터넷상에서 정보 찾기 - 역량개발을 위한 전문과목 등을 개인지도 - 컴퓨터 사용방법을 가르침 - 박물관 방문 및 방문에 대한 보고서나 스피치 준비
2. 개인적 친목관계 진전을 위한 활동	- 멘제가 좋아하는 음식으로 식사 - 멘제가 가보고 싶어 하는 곳-대학로/한강/산/바다 등을 방문 - 멘토의 가정에 초대 - 영화, 연극, 음악회 - 야구장, 축구장, 농구장 - 시장이나 백화점을 함께 다님 - 함께 장애인 시설이나 병원에 봉사활동
3. 업무능력 향상을 위한 미래준비 활동	- 멘토의 전공 이야기나 지식기술에 관한 조언 - 관심분야에 대한 자료 제공, 관심분야에 종사하는 선배와 만남 주선 - 전문분야 학술발표에 참석 - 장래개발에 대한 것들에 대해 토론

3. 그룹 친목활동-1

멘토링 활동은 자발적 참여가 성공의 지름길이 되기 때문에 가능한 조직 전체가 지원 분위기 조성에 각별히 관심을 가져야 한다.

가장 효과적인 지원은 CEO의 관심사다. 최근에 CEO가 직접 사원을 챙기는 예가 자주 매스컴에서 볼 수 있는데 아마 인간존중 경영의 시대적인 흐름으로 생각한다.

멘토링 계획을 수립할 때 처음부터 CEO를 멘토링 영역에 두어야 한다. 그래서 멘토/멘제 결연식 때부터 친해질 수 있도록 참석해서 주례를 하고 사진을 찍고 선물도 직접 챙겨주어야 한다. 부득이 불참할 경우에는 소상히 사정을 알리고 임원이 반드시 대행해야 한다.

멘토/멘제가 출발 Workshop할 때 대부분 색다른 경험을 하게 되어 감격을 맛보는 사람이 대부분이다. 그러나 교육의 효과는 3개월을 가지 못한다고 한다. 그러므로 분기별로는 CEO 참여하에 격려모임을 갖고 보수교육 등 전체 분위기를 높이는 게 효과적이다.

다음 프로그램은 멘토/멘제 전체 그룹이 분기별로 한 가지씩 선택하여 멘토링 열정을 북돋우는 프로그램으로 활용하도록 소개한다.

1) 분기 그룹미팅

멘토링 추진팀 주관으로 멘토/멘제가 활동 개시 후 분기별로 갖는 전체 모임이다. CEO 참석하에 자유토론, 건의사항, 격려사, 보수교육, 친목식사 등을 내용으로 하는 프로그램을 갖는다.

2) 야외활동

멘토링 추진팀 주관으로 멘토/멘제 전체가 등산, 마라톤, 운동, 수영대회 등을 내용으로 프로그램을 갖는다.

3) 학습활동

멘토링 추진팀 주관으로 멘토/멘제 전체가 모여 자체적으로 주제발표, 조직 내외 강사 초등 특강 수강, 학술발표회 고적답사 프로젝트 성공사례 등을 내용으로 프로그램을 갖는다.

4) 독서활동

멘토링 추진팀 주관으로 멘토/멘제 전체 대상으로 신간 발표회, 독서그룹 운영, 전문서적 공람, 교양서적 공람, 독후감 발표 등을 내용으로 프로그램을 갖는다.

5) 봉사활동

멘토링 추진팀 주관으로 멘토/멘제 전체가 지역청소 환경운동 참여, 병원봉사, 이웃돕기 행사, 꽃동네 방문, 자선바자회 등을 내용으로 프로그램을 갖는다.

4. 그룹 친목활동-2: 멘토/멘제 전체 그룹 쌍 목적

멘토링 추진팀에서 주관하여 전체 쌍이나 팀별로 월간 미팅하는 것으로 주로 관계촉진을 위한 친교 격려 중심의 모임활동을 갖는다.
- 활동명칭: 멘토/멘제 그룹 월간활동(주간 모임 하루를 대체)
- 활동참석: 멘토/멘제 전체나 팀으로 참석, 조직의 간부나 CEO급 참석

NO	행사종류	일정선택	장소선택	시간선택
1차 계간	친목 촉진행사			
	월간평가			
2차 계간	문화 체험행사			
	월간평가			
3차 계간	신체 단련행사			
	월간평가			

1) 1차 친목 촉진행사: 맛집 찾기, 특식 먹기, 향토 및 토속음식 먹기, 별미 찾기
   등 선택
2) 2차 문화 체험행사: 영화감상, 서점 방문, 미술관, 음악콘서트, 경기관람, 고
   적답사 등 선택
3) 3차 신체 단련행사: 등산, 조깅, 마라톤 참가, 래프팅, 테니스, 수영 등 운동
   선택

3-3. 업무적응 활동

1. 신입직원 업무적응 5단계

다음이 도표는 신입직원을 위한 멘토링 프로그램의 업무진행 5단계를 나타낸
것이다. 도표에서처럼 멘토링의 효과를 높이기 위해서는 단기적인 활동에 그쳐서
는 안 되며, 보다 장기적인 관점에서 신입직원이 충분히 조직과 일에 적응할 수
있도록 지원하고 지도해주는 활동이 필요하다.

단계	시점	참가자	주요활동
입사 이전 단계	채용 및 부서배치 시점	상사 인사부서	1. 회사에 대한 긍정적 이미지 형상을 위해 환영 편지 또는 전화 2. 입사하기 전에 주차, 복장, 스케줄 등에 대한 정보 제공 3. 사보 사내공지 등 신입직원이 미래 알아야 할 내용 등을 발송
입사단계	회사에 막 입사한 시점 담당부서 발령시점	인사부서	1. 입사 첫날 간단한 오리엔테이션 2. 입사직원, 각종 기초 정보사항 등 구비서류 작성 3. 환영의 비디오 또는 사장 부사장의 축하인사 4. 부서의 리더급 사람들과 상견례 5. 회사 전반, 부서 담당 직무에 대한 정보 제공 6. 그룹 미팅을 통한 이해 증진
공식적인 교육훈련 단계	입사 후 신입 직원교육 훈련기간	멘토링 TF 인사부서	1. 회사생활을 하면서 겪었던 경험담 소개 2. 현장을 순회하면서 회사 돌아가는 상황이나, 업무 프로세스, 각종 제도에 대한 설명 3. 회사의 목적과 전략 소개 4. 인트라 또는 문서자료를 통해 급여 복리후생 등 제도 소개
멘토링 활동단계	회사문화나 분위기에 점차 적용 하는 시점	멘토 멘제 모니터	1. 자주 만나면서 여러 사람에게 신입직원을 소개 2. 공장 사내 시설물 소개 3. 부서의 상사, 동료 등에게 소개하며 인적 네트워크 형성 4. 정기적인 만남을 통해 업무를 잘하고 있는지를 점검하고 모니터에게 보고하고 피드백
사후평가 관리단계	프로그램에 대한 지속적인 평가 및 개선	멘토링 TF 전문 관리자	1. 프로그램 전반에 대해 신입직원과 참여자들의 의견 수렴 후 개선 2. 결과평가(정량) 　－비용 　－시간 　－정착률 　－회수율 3. 결과평가(정성) 　－직무만족도 　－질적 요소 　－업무 생산성

2. 일반직원 업무적응 활동모델

멘토와 코치와 관리자인 상사는 강조하는 바가 다르다. 멘토는 주로 '사람'과 관련이 있고 코치는 '업무'와 더욱 관련이 있다고 하였다. 이런 식으로 계속 대조 하면, 한 개인의 상사는 '성과'에 더욱 직접적으로 관련이 있다고 말할 수 있다.

- 멘토는 '더욱 지도력(Leadering) 있는' 사람이 되는 것을 도와준다.
- 코치는 '더욱 업무적으로 유능한(Skill)' 사람이 되는 것을 도와준다.
- 상사는 부하가 회사에 더 '성과(Performance)를 내는' 사람이 되는 것을 도와준다.

1) 멘토 업무 차원

멘토의 역할을 정의하는 하나의 방법은 다른 비슷한 두 역할과 구분짓는 것이다. 다른 두 역할이란 코치와 관리자의 역할이다. 이 세 가지의 역할 모두는 좀더 경험이 많은 사람이 비교적 경험이 적은 사람을 대상으로 일대일의 상호작용을 하는 점에서는 유사하다. 그러나 목표와 그러한 목표를 달성하기 위한 스킬은 역할마다 다르다. 관계의 지속기간도 다양한데 멘토링 관계가 가장 길다. 왜냐하면 멘토는 멘제의 자신에 대한 삶을 변화시키기 때문이다.

2) 역할의 차원

- 멘토: 전인적인 삶의 조언자나 지도자다.
- 코치: 업무수행자, 팀을 가르치는 사람, 스포츠에서 기본기를 가르치는 사람이다.
- 관리자: 감독자 특히, 조직단위를 책임지고 있는 사람이다.

3) 목표의 차원

- 멘토: 멘제의 특성과 잠재력을 개발하여 **개인적인 성장**을 촉진시킨다.
- 코치: 개인의 **업무능력 향상**과 또는 팀의 성공률을 높인다.
- 관리자: 상위조직을 위하여 자신의 **조직의 업무성과**를 효과적으로 기능하게 한다.

4) 스킬의 차원

- 멘토: **멘제의 성장단계**에 맞춰서 지원, 도전 또는 비전을 제시한다. 멘제의 성장단계는 멘토링 초기단계에서 시작하여 멘제의 성장에 따라 중기, 후기, 완성기 단계로 나아가게 되고, 멘토는 멘제의 성장단계에 따라 지원기능, 도전기능, 비전기능을 적절히 배분하여 수행한다.
- 코치: 현재의 상태와 바람직한 상태와의 격차를 지적하고 '훈련을 위한 시스템적 접근방식'을 사용한다. 팀원들의 노력을 종합하기도 하고, 개인을 코

치할 때에는 '한 개인의 전체적인 시스템적 관점에서 한 개인의 세세한 부분들에 주의를 기울여 **능력을 향상**시킨다.'

- 관리자: 조직의 목표를 그 조직구성원들에게 할당한다. 구성원 개별적인 **업무성과**를 감독하고 조정한다.

5) 관계의 지속기간 차원

- 멘토: 멘제가 자립하여 **리더로 성장할 때까지** 일정 기간 그 관계가 지속된다.
- 코치: 팀이나 개인이 바라는 수준의 **능력이 달성**할 때까지 지속된다.
- 관리자: 관리자의 역할이 조직구조 안에서 **성과가 도출**될 때까지 지속된다.

이제 멘토가 조직 내에서 중요한 역할을 하기 시작했고, 멘토링은 직원들을 개발시키는 한 수단으로 사용되게 되었다. 새로운 멘토를 훈련시키고, 훈련된 멘토들이 자신의 경험과 지식 그리고 태도 등을 그들의 멘제에게 전달하고, 멘제를 성장시킬 수 있도록 도와주어야 할 때가 된 것이다.

많은 사람들은 멘토를 전통적인 인간관계라는 단어로만 인식할지 모른다. 그러나 멘토의 역할은 시대를 거치면서 다양한 변화를 겪어 왔고, 결과적으로 멘토링의 목적도 인간성 바탕 위에 생산성 추구라는 조직의 목표에 부합하게 변화되었다고 볼 수 있다.

멘토링 3가지 차별화에 대한 요약정리

구분	Mentoring	Coaching	Managing
업무목표	사람을 리더로 성장 －Leadering	부하(선수)의 업무능력 향상 －Skill up	부하의 업무성과 도출 －Performance
연결형태	멘제 중심 연결형태 유지 멘제 1 : 멘토 1이나 소그룹	코치중심 연결형태 유지 코치 1 : 부하(선수) 소그룹	상사중심 연결형태 유지 상사 1 : 부하 다수
업무성격	인관관계라는 특수업무 TF-Team 형식으로 추진	회사 정규업무와 정규조직＋인간적인 면 배려 추진	회사정규 업무추진 Line 및 Staff 조직 추진
업무특성	사람 자체(인격개발)가 중심	직원의 업무능력이 중심	직원의 업무성과가 중심

3. 팀장 업무적응 사례

현재 X프로젝트를 추진하려 한다고 하자. 이 프로젝트를 진행시키기 위해서는 팀 구성원의 육성을 포함하여 스피드를 높이고 성공확률을 높일 필요가 있다. 예를 들어 그중 중요한 구성멤버인 김일수 군을 멘제로 설정하여 성공체험을 가진 박성수 멘토가 일정기간 지도를 맡게 된다면 다음과 같은 순서로 이루어진다.

① 스폰서십(선언)

멘토가 과제달성의 지원자(Mentor)임을 멘제와 그 관계자들에게 전달한다.

② 비저닝(Visioning)

멘토와 멘제가 협력하여 멘토링(Mentoring)의 최종목적을 명확히 한다. 어떠한 프로젝트 성공을 목표로 할 것인가에 대해 함께 비전을 그려본다.

③ 육성과 멘토링

멘토가 업무에 관한 지식과 노하우, 사내정보, 기업문화를 알려주는 동시에 김일수 멘제의 자기 성장을 지원한다.

④ 조정과 보호

박성수 멘토의 경험과 정보를 가지고 성공을 위협하는 리스크를 예측하고 그 리스크를 피하기 위해 필요한 궤도 수정을 요구한다.

⑤ 스폰서십(승진의 추천)

김일수 멘제가 실적을 올렸을 경우에는 승진을 추천한다.

⑥ 계속적인 도전

현 상황에 만족하지 않고 또다시 문제가 있거나 힘든 상황에 처하더라도 포기하지 않고 도전하는 방향을 찾아내도록 독려한다.

◀메모1-과제달성과 커리어 지원행동 사례집

① 스폰서십(성과달성을 위한 지원자로서의 의식과 행동)

- 멘토링 행동을 선언함.
- 어떠한 경우에도 포기하지 않는 의식을 갖게 함.
- 조직의 고위층이나 그 밖의 관계자에게 소개함.
- 승진을 추천함.
- 그 능력이나 실적을 관계자에게 인지시킴.
- 통상 상급 관리자가 도맡아 하는 회의나 활동에 참가할 기회를 제공함.
- 조직 내의 습관에 관한 지침을 줌.

② 비저닝(Visioning: 목표의 명확화)

- 멘토링이 끝났을 때 어떠한 커리어 성공의 상태가 되는 것인지 함께 비전을 그려봄.
- 비전을 달성하기 위해서 현재 완료되어 있는 것과 앞으로 해야 할 것에 대해 이야기를 나눔.
- 비전을 달성하기 위해서 멘토는 무엇을 어떻게 지원할 것인가에 대해 이야기를 나눔.

③ 육성과 멘토링(장기적인 육성과 당면과제에 대한 멘토링)

- 장래를 위하여 필요한 지식과 기술, 마음가짐에 대해 가르침.
- 업무의 달성을 위하여 구체적인 멘토링을 함.
- 커리어 성공을 이룰 수 있는 노하우와 비결을 알려줌.

④ 존재의 어필과 기회 제공

- 멘제의 모니터에게 멘제의 활동하는 자세를 정확하게 보고함.

- 기회를 보아 멘제를 다른 부서 사람이나 관계자에게 소개시킴.
- 기회 있을 때마다 멘제의 좋은 점을 자신의 상사나 관계자에게 이야기해 줌.

⑤ 조정과 보호(리스크 회피와 멘제의 방파제)
- 리스크를 예측하고 대책을 세우며 필요한 궤도 수정을 요구함.
- 멘제가 결정적인 실수를 하지 않도록 배려를 하고 구체적으로 보호함.
- 멘제가 부당한 비난을 받았을 때 멘제의 방파제 역할을 함.

⑥ 지속적인 도전(한 단계 위를 향한 도전)
- 항상 한 단계 높은 성과에 도전하도록 독려함.
- 새로운 지식이나 기술을 배우도록 도전하는 마음을 갖도록 함.
- 항상 한 계단 위의 일에 도전할 기회를 부여함.

4. CEO임원 업무적응 프로세스

[CEO 멘토링 프로세스]

경영진 멘토링은 다음 도표와 같이 크게 4단계 과정으로 이루어진다. 첫째, 멘토와 경영진이 처음 만나는 '접촉단계'이다. 이 단계에서는 서로 서먹할 수 있는 관계를 부드럽게 만들고, 경영진이 멘토와 허심탄회하게 대화할 수 있도록 신뢰관계를 형성하는 것이 매우 중요하다.

둘째, 경영진이 갖고 있는 문제점이나 핵심개발 과제를 찾아내는 '평가단계'이다. 이 단계에서 멘토는 다면평기나 인터뷰 등을 통해 심층적으로 경영진이 가지고 있는 문제의 원인을 찾아내고, 실천 가능한 해결방안을 모색해야 한다. 이때 경영진 개개인의 성격이나 성향을 판단하는 것도 좋은 방법이다. 개인의 성격은 대인관계나 행동방식을 결정하는 주요 요인인 만큼, 이를 정확히 판단할 경우 문제의 원인을 찾아내는 데 큰 도움이 되기 때문이다.

셋째, 진단결과 나타난 경영진의 문제점을 구체적으로 설명하고 경영진을 이해시키는 '피드백단계'이다. 이때 피드백의 대상이 되는 주요 내용은 다음과 같다.

- 전략적 의사결정에 대한 조언
- 리더십 역할을 수행함에 있어서 반드시 필요한 역량과 지식
- 창의적인 문제해결 방법
- 외부 제3자의 입장에서 보는 경영진의 역할수행 정도
- 경영진의 강·약점에 대한 정보

넷째, 해결방안을 실제 업무에 적용하면서 부족한 점을 개선해 나가는 '실행단계'이다.

다섯째, 멘토링이 끝난 후 일정 시점에 실제로 경영진의 실력이나 마인드 및 태도가 성공적으로 개선되었는지를 점검하는 '사후 관리단계'이다.

멘토링의 5단계 프로세스

Step 1. 접촉단계	· 솔직한 대화를 통해 경영진의 내적 문제를 이끌어 낼 수 있는 신뢰관계 형성 · 멘토링에 거는 경영진의 기대를 명확히 제시 · 멘토링의 목적에 대한 소개 · 현재 경영진의 강·약점 파악 · 멘토링 과정에서 멘토, 인사부서, 경영진의 역할과 책임을 명확히 설정
Step 2. 평가단계	· 현 임원의 능력, 스타일, 장단점을 실제 평가하는 단계(360˚ 평가, 1:1 인터뷰 등) · 구체적인 문제점 파악, 양적·질적 피드백 제공
Step 3. 피드백단계	· 임원이 피드백 결과를 듣고 스스로 이해하고 개선할 수 있도록 구체적이고 풍부한 피드백 자료 제공. 이때 워크숍 등, 회사를 벗어나 편안한 분위기 속에서 피드백하는 것도 좋은 방법임. · 향후 개발할 부분에 대한 세부계획을 수립한 **후, 주요 이해**관계자들과 공유하면서 실행
Step 4. 실행단계	· CEO 멘토는 경영진 육성을 위해 지도하는 역할을 수행(액션 러닝, 롤플레이, 사례연구, 비디오 시청 등) · 월별·분기별 미팅을 통해 사후활동 실시 · 지속적으로 대화를 하면서 조직과 임원의 발전 중요성을 부각
Step 5. 사후관리 모니터링단계	· 멘토링 활동이 종결된 후, 일정 시간이 경과하면서 성과를 재확인 · 최종성과를 보고서로 작성하여 경영진, 인사부서 등과 공유

 평가과정 실무

■ 평가개요

1. 평가의미

멘토링의 평가는 투자에 관한 생산성 여부를 점검하는 차원에서 당연히 해야 한다. 또 한편에서는 멘토링 활동에 참여하는 인력(멘토링위원장 추진팀, 모니터, 멘토/멘제 등)에 대한 책임감과 목표의식을 넣어주는 차원에서 평가가 있다.

2. 평가목적

멘토링 평가의 목적은 멘토/멘제의 동기부여 차원에서 이뤄진다. 구체적으로 평가결과에 따라 포상하고 칭찬하기 위한 자료를 얻는 것이다. 일반 정규업무 평가는 포상과 벌이 주어지는데 멘토링에서의 평가는 포상만을 주는 것이 목적이다.

■ 평가실무

자료	자료일련 번호 NO	소속	비고
1. 정성평가	1-1 비경제 만족도 평가	공통선택	
2. 정량평가	2-1 경제적 생산성 평가		
3. 모니터평가	3-1 성공활동 평가		
4. 활동목표	4-1 조기정착/인간관계/업무이해	신입인재	
	4-2 업무능력/경력개발/자율학습	일반인재	
	4-3 인간성/업무성/인재리더십	관리인재	
	4-4 조직개발/핵심인재/핵심업무	리더인재	
5. 활동 적합성	5-1 적합성/직장조기정착 기여도	신입인재	
	5-2 적합성/업무능력향상 기여도	일반인재	
	5-3 적합성/관리역량강화 기여도	관리인재	
	5-4 적합성/핵심역량강화 기여도	리더인재	
6. Dia 개발	6-1 Dia 관계개발	신입인재	
	6-2 Dia 경력개발	일반인재	
	6-3 Dia 성과개발	관리인재	
	6-4 Dia 조직개발	리더인재	

4-1. 정성평가(비경제적인 평가)

멘토링 활동은 멘토/멘제의 개인활동이 우선하고 참여자의 개인 만족도의 여하에 따라 조직 만족도가 좌우되므로 개인 인간성 평가가 우선된다.
- 평가명칭: 정성평가, 개인 만족도 평가
- 평가방법: 4가지 만족도 진단도구를 사용하여 평가
- 평가참여: 멘토/멘제
- 평가시점: 멘토링 활동 마감 즉시

구분	번호	진단도구	5	4	3	2	1
업무	1	현재 담당업무 만족도 여부					
	2	상급자와 업무처리협조 여부					
	3	담당업무 처리절차를 알고 있는 정도					
	4	타 부서와 업무협조 여부					
	5	금번 멘토링을 통해 업무숙달 정도					
활동	1	활동기간 만족도 여부					
	2	멘토/멘제 서로 활동 만족도 여부					
	3	미팅활동 유익 여부					
	4	개인성장 여부					
	5	멘토링 활동에 다시 참가 여부					
관계	1	멘토/멘제 서로 관계 만족도 여부					
	2	조직의 상급자와 관계 만족도 여부					
	3	조직의 동료와 관계 만족도 여부					
	4	가정식구들과 관계 만족도 여부					
	5	사회 접촉사람과 관계 만족도 여부					
조직	1	우리 조직의 인간존중 만족도 여부					
	2	내가 신뢰받고 있는 만족도 여부					
	3	인사관리에 만족도 여부					
	4	급여체계의 만족도 여부					
	5	조직 CEO 리더십에 만족도 여부					

4-2. 정량평가(경제적인 평가)

조직에 적용되는 제도적 멘토링은 인간성 바탕 위에 생산성 효과를 얻는 게 목적이다. 특히 정량평가 기준은 생산 효율성을 기반으로 하는 게 원칙이다.

  - 평가명칭: 정량평가 조직의 효율성 평가
  - 평가방법: 5가지 효율성 평가지수에 의거 금번 해당되는 항목을 적용
  - 평가주관: 멘토링 전문가와 전문 컨설턴트
  - 평가시점: 멘토링 활동 마감 즉시

구분	평가방법	효율성(%)
유지율	목적: 멘토/멘제 쌍별로 제대로 유지되고 있는가?	
	산식: 현재 쌍/당초 쌍x100	
정착률	목적: 신입직원의 정착이 제대로 되고 있는가?	
	산식: 현재 멘제 수/당초 멘제 수x100	
참여율	목적: 멘토/멘제가 행사나 교육 참여를 잘하는가?	
	산식: 참석인원/총인원x100	
숙달률	목적: 금번 멘토링 기간에 업무 숙달되었는가?	
	산식: 금번 숙달기간/정상으로 걸리는기간x100	
회수율	목적: 투자자금이 수익적 회수 성과가 있는가?	
	산식: 회수자금/투자자금x100	
	회수자금 산출에 참고사항 1. 전년보다 추가 정착 신입직원x월 평균 보수액 2. 멘제 업무 조기숙달 기간x월 평균 보수액.	

4-3. 모니터 평가

  멘토링 활동이 진행 중이나 끝난 후에는 그 활동성과를 모니터링하는 작업이 필
요하다. 다음과 같은 정성적 설문을 통해 멘토와 멘제가 느낀 멘토링 활동의 효과
성을 분석해볼 수 있다. 모니터에 의하여 평가하되 평가결과는 서로에게 피드백을
해주거나, 멘토링 관계자들이 모두 참석하여 토론하는 데 활용할 수 있다. 멘토링
참가자들은 이 양식에 주어진 내용에 대해 각자의 의견을 기록하기 바란다.

  - 평가내용: 멘토링 활동 중에 개인만족도 평가
  - 평가시점: 수시평가 및 최종평가
  - 평가주관: 모니터가 주관하고 멘토와 멘제가 작성
  - 평가대안: 멘토와 멘제의 활동 만족도 점검 후 멘토교체 여부 등 대안 제시

설문내용	답변
1. 만남의 양과 질-Meeting 1) 주로 언제, 어떤 상황에서 만났습니까? 2) 일반적으로 만나서 무엇에 대해 이야기를 했습니까? 3) 현재 어떤 목적을 위해 만나고 있습니까?	
2. 상호관계-Relationship 1) 상호관계를 맺어 활동하면서 특별히 좋았던 점은? 2) 지금까지 관계를 유지하면서 가장 큰 어려움은 무엇이었습니까? 3) 멘토링 관계를 향상시키기 위해 좀 더 필요한 것이 있다면?	
3. 업무의 효과성-Learning 1) 서로에 대해 어떤 점을 배웠습니까? 2) 서로에 대한 업무능력을 향상하는 요건으로는 어떤 것들이 있었습니까? 3) 멘제는 업무능력 향상률을 몇 %로 볼 수 있습니까?	
4. 멘토/멘제 신뢰성-Integrating 1) 우리의 연결은 상호욕구를 충족시키고 있다. 2) 우리는 서로 정기적으로 만난다. 3) 우리는 미팅시간을 효과적으로 활용하고 있다. 4) 우리가 무엇을 할 것인가에 대해 명확히 알고 있다. 5) 우리는 상호 하는 말을 정확히 이해하고 있다.	불만족--------만족 1 2 3 4 5 1 2 3 4 5 1 2 3 4 5 1 2 3 4 5 1 2 3 4 5

4-4. 활동목표 평가실무

1. 신입직원 목표평가

신입직원 멘토링 활동분야에서 가장 핵심적으로 다루어야 할 목표로 1) 직장 조기 정착, 2) 인간관계 촉진, 3) 업무 조기 숙달로 설정하고 활동기간에 멘토와 멘제가 수시로 대응할 수 있는 아래 설문항목당 5점 만점(5-4-3-2-1)으로 평가한다.

Subjects	Contents	Test Tool	Test
1. 직장 조기정착	Bluebird 대응	멘제가 새로운 직장을 탐색하고 있는가?	
		입사 전에 직무에 대해 얼마나 알고 있는가?	
	Selfholic 대응	역량에 비해 낮은 일로 갈등하고 있는가?	
		입사 초기 성장경로를 알려주었는가?	
	Perterpan 대응	구세대 문화와 극한 세대차이를 느끼는가?	
		한마음으로 끊임없이 소통을 잘 하고 있는가?	
2. 인간관계 촉진	성격개발 Lynchpin	나의 성격의 강점과 약점을 파악한다	
		상호 간 피해야 할 대응과 바람직한 대응을 한다	
	감성개발 EQ	나의 EQ 점수 숙지 여부를 확인한다	
		EQ 개방방법-10 숙지 여부를 확인한다	

2. 인간관계 촉진	인성개발 Star	나의 멘토링 활동목표 점수 확인 여부	
		나의 활동목표 실천카드 작성법 숙지 여부	
3. 업무 조기숙달	일반업무	조직의 경영개요에 관한 자료소지 여부	
		조직의 장단과 단점, 개선안 3가지 작성 여부	
	고유업무	고유업무 리스트 작성 실적 여부	
		고유업무 조기 숙달 실적 여부	
	지식경영	암묵지에 관한 개발 여부 실적	
		형식지에 관한 공유 실적 여부	

[결과의견서]
1) 정착에 마음을 두고 있다. (　)
2) 정착에 고려 중이다. (　)
3) 정착에 어려움이 있다. (　)

2. 일반직원 활동 목표평가

일반직원 멘토링 활동분야에서 가장 핵심적으로 다루어야 할 목표로 1) 업무능력 향상, 2) 경력개발 촉진, 3) 자율학습 경영으로 설정하고 활동기간에 멘토와 멘제가 수시로 대응할 수 있는 아래 설문항목마다 5점 만점(5-4-3-2-1)으로 평가한다.

Subjects	Test Tool	Test
1. 업무능력 향상	1. 금번 멘토링 활동에서 개인성장에 도움이 되었다.	
	2. 전문 업무를 전수하는 데 좋은 기회가 되었다.	
	3. 조직 내에서 업무역량의 향상력에 인정을 받고 있다.	
	4. 멘토/멘제 간 업무적인 면에서 유익한 기간이었다.	
	5. 업무성과를 통해 나의 경쟁력이 높아진 것 같다.	
2. 경력개발 촉진	1. 1:1 도제방식으로 업무 등 기술력이 향상되었다.	
	2. 인사 조직분야에 더 깊이 알게 되었다.	
	3. 상품이나 제품에 더 깊이 알게 되었다.	
	4. 재무 회계분야에 더 깊이 알게 되었다.	
	5. 미케팅과 고객에 더 깊이 알게 되었다.	
3. 자율학습경영	1. 멘토링 정기미팅을 통해 좋은 학습기회를 가졌다.	
	2. 멘토/멘제 상호 간 미팅학습의 준비를 잘 했다.	
	3. 1:1 미팅으로 학습에서 토론과 집중화가 이루어졌다.	
	4. 자율학습으로 업무 및 개인의 삶에도 도움이 되었다.	
	5. 전문분야 특강이나 세미나에 참석할 의향이 있다.	

[결과의견서]
1. 업무능력 향상실적 3가지:
2. 경력개발 촉진실적 3가지:
3. 자율학습 경영실적 3가지:
4. 내가 소지한 자격증은?:

3. 팀장 활동목표 평가

관리팀장 멘토링 활동분야에서 가장 핵심적으로 다루어야 할 목표로 1) **인간성 차원**, 2) **효율성 차원**, 3) **리더십 차원으로** 설정하고 활동기간에 멘토와 멘제가 수시로 목표달성을 위한 대응자세로 임하여야 한다 다음 목표별 항목마다 5점 만점 (5-4-3-2-1)으로 평가하라.

Subject		Test Tool	Test
인간 관계성 역량개발	1	성격개발-성격 충돌이 없었는가?	
	2	감성개발-소통이 잘 되었는가?	
	3	인성개발-인격목표 지수를 알고 대응했는가?	
업무 효율성 역량개발	1	지식개발-지식이전(Sharin)이 잘 되었는가?	
	2	업무개발-업무에 관한 조기 숙달이 이뤄졌는가?	
	3	경력개발-특정업무에 경력개발이 이뤄졌는가?	
인재 리더십 역량개발	1	인간존중-멘토/멘제 간 신뢰와 존중이 이뤄졌는가?	
	2	인재개발-현재 직원 중에서 인재개발 대상자가 있는가?	
	3	전인생활-상호 간 인격 목표달성 노력이 이뤄졌는가?	

[결과의견서]
1. 인격 현행점수: 인격 목표점수: 인격 최종점수:
2. 멘토로 존경하는 인물 세 사람?
3. 지식 sharing 실적은?
4. 인재개발 대상자 명단?

4. CEO임원 활동 목표평가

리더인재 멘토링 활동분야에서 가장 핵심적으로 다루어야 할 목표로 1) 조직개발, 2) 핵심인재 개발, 3) 핵심업무 개발로 설정하고 활동기간에 멘토와 멘제가 목표달성을 위해 수시로 대응에 임하여야 한다. 아래 목표별 각 항목을 5점 만점 (5-4-3-2-1)으로 평가한다.

Subjects	Contents	Test Tool	Test
1. 조직 개발	1) 인재 역량개발	타사에서 스카우트 제의가 오고 있는가?	
	2) 업무 역량개발	업무와 기술이 경쟁력이 있는가?	
	3) 성과 역량개발	프로젝트팀이 활발하게 운영되고 있는가?	

2. 핵심인재 개발	1) 인간성 역량개발	인간존중 경영이 이루어지고 있는가?	
	2) 생산성 역량개발	제품/상품이 경쟁력이 있는가?	
	3) 리더십 역량개발	감성과 섬김 리더십의 분위기인가?	
3. 핵심업무 개발	1) 제품 개발역량	R&D에 관심이 큰 조직인가?	
	2) 제품 기술역량	제품에 핵심기술이 적용되고 있는가?	
	3) 제품 경쟁역량	시장에서 경쟁 우선 순위에 있는가?	

[결과의견서]
1. 나의 핵심업무: 1.   2.   3.
2. 조직 핵심업무: 1.   2.   3.
3. 시장경쟁 우위제품: 1.   2.   3.

4-5. 적합성/활동목적 기여도 평가

1. 신입직원 적합성/목적 기여도 평가

신입직원 멘토링 활동에서 멘토와 멘제의 적합성 여부와 '직장 조기정착'에 기여도 여부를 멘토링 예비진단 과목을 참고로 하여 평가한다.

구분	설문항목	평가					단축 정도(월)
		5	4	3	2	1	
조직 문화 적응	1. 우리 부서의 이름과 얼굴을 알고 있다.						
	2. 조직 전체 및 우리 부서조직 구성에 대하여 알고 있으며, 다른 부서에서 어떤 일을 하는지 알고 있다.						
	3. 담당 직무에 만족하고 있다.						
	4. 동아리, 회식, 그랜드미팅 등 공식적, 비공식적 모임참여로 인간관계 교류가 활발하다.						
	5. 우리 조직 문화 라이벌 조직의 차별성을 이해하고 있다. - 인사, 제품, 조직문화, 브랜드, 기업윤리 등						
	6. 고민상담 능 마음을 터놓을 수 있는 인간관계가 형성되어 있다.						
	7. 책으로부터 배울 수 없는 경험에서 비롯되는 다양한 현장 노하우를 선배로부터 전수받고 있다.						
업무 지식 지식	8. 담당업무와 관련된 조직의 규정을 알고 있다.						
	9. 담당업무의 처리절차를 알고 있다.						
	10. 업무와 관련된 전산시스템을 자유롭게 사용할 수 있다(홈페이지, 동아리 카페, 노사관계, PPT, 엑셀 등).						
	11. 고객과 소비자를 위한 민원처리의 노하우를 습득하고 있다.						
	12. 담당업무의 전문지식 또는 행정업무 일반지식을 알고 있다.						
합계 ( )점							

2. 일반직원 적합성/목적 기여도 평가

일반직원 멘토링 활동에서 멘토와 멘제의 적합성 여부와 '업무능력향상'에 기여도 여부를 멘토링 예비진단 과목을 참고로 하여 평가한다.

구분	설문항목	평가				
		5	4	3	2	1
멘토 가치 개발 진단	1. 나는 멘토로서 상대에게 전할 중요한 역량을 가지고 있다.					
	2. 나는 직장 구성원이 된 것과 멘토로서 봉사에 보람을 느낀다.					
	3. 나는 상대가 힘겨운 일이 있을 때 먼저 나를 찾는 데 만족하고 있다.					
	4. 나는 사내뿐 아니라 사회 봉사단체에도 참여하기 원한다.					
	5. 나는 멘토로서 전문학회 참석이나 서적 구하기를 좋아한다.					
업무 가치 개발 진단	6. 나는 담당업무와 관련된 조직의 규정을 알고 있다.					
	7. 나는 업무능력 향상을 위해 성격분석의 경험도 있다.					
	8. 나는 업무와 관련된 전산시스템을 자유롭게 사용할 수 있다.					
	9. 나는 업무의 특성에 맞는 세미나나 전문서적을 구독한다.					
	10. 나는 업무의 촉진을 위해 세련된 매너와 긍정적인 대인관계에 유의한다.					
자기 가치 개발 진단	11. 나는 나이에 비해 젊은 에너지가 넘친다.					
	12. 나는 삶의 질을 높이기 위해 평소 건강에 힘쓴다.					
	13. 나는 평안하고 스트레스 없는 가정에서 산다.					
	14. 나는 적절한 규모의 자산 안에서 저축하면서 산다.					
	15. 나는 인생의 목표가 분명하고 계속 변화하고 발전적인 삶을 살고 있다.					
합계 ( )점						

3. 팀장 적합성/목적 기여도 평가

관리팀장 직원 멘토링 활동에서 멘토와 멘제의 적합성 여부와 '관리역량 강화'에 기여도 여부를 멘토링 예비진단 과목을 참고로 하여 평가한다.

구분	설문항목	평가				
		5	4	3	2	1
멘토 가치 개발 진단	1. 멘토링에서 직장에서 성공한 사람으로 인기가 있다.					
	2. 멘토링에서 전문분야 자격증, 노하우로 인기가 있다.					
	3. 멘토링에서 인성과 성실한 사람으로 인정받고 있다.					
	4. 사내 공식적, 비공식 멘토링에서 인간관계 교류가 활발하다.					
	5. 멘토링 참여자로 한마음 직장 분위기를 주도하고 있다.					

구분	설문항목					
업무 가치 개발 진단	6. 팀원의 모델로서 먼저 자신의 절제 생활에 앞장서고 있다.					
	7. 타 팀보다 훌륭한 팀관리에 관한 노하우를 발휘한다.					
	8. 프로젝트 추진에 전산시스템을 자유롭게 활용할 수 있다.					
	9. 팀원들에게 가능한 효과적인 위임과 피드백을 활용한다.					
	10. 다른 팀이나 부서와 업무상 상호협조가 잘 이루어진다.					
자기 가치 개발 진단	11. 나는 팀장이라는 리더로 성취감을 느낀다.					
	12. 나는 지금보다 상위직 리더로 성장하는 것을 꿈꾼다.					
	13. 나는 내 역량을 다른 사람을 위해 사용할 때 기쁨을 느낀다.					
	14. 나는 직장뿐 아니라 개인, 가정적으로 균형을 중시한다.					
	15. 나는 인생의 성공을 명분과 실익의 조화라고 생각한다.					
합계 ( )점						

4. CEO임원 적합성/목적 기여도 평가

CEO임원 멘토링 활동에서 멘토와 멘제의 적합성 여부와 '핵심역량 강화'에 기여도 여부를 멘토링 예비진단 과목을 참고로 하여 평가한다.

구분	설문항목	평가				
		5	4	3	2	1
멘토 가치 개발 진단	1. 나는 늘상 자신을 개발하고 동기부여를 해주는 잠재력 있는 멘토이다.					
	2. 나는 다른 사람을 세우고 조직의 사기를 높여 주는 긍정적인 멘토이다.					
	3. 나는 멘제를 위해 든든한 동행자와 후원자로 인격적인 면에서 존경받고 있는 멘토이다.					
	4. 나는 핵심역량을 발휘해서 멘제를 나와 같은 리더로 재생산해주는 생산적인 멘토이다.					
	5. 나는 다른 리더들을 다양한 리더십으로 나 같은 멘토로 길러주므로 주위에서 인정받는 멘토이다.					
업무 가치 개발 진단	6. 나는 매출 중심 성장보다는 수익성 위주의 경영에 호감을 느낀다.					
	7. 나는 기업의 본부와 모든 계열사의 경영실적을 총망라하는 경영공개 및 투명성에 동조한다.					
	8. 나는 연공서열 중심의 전통적 인사제도에서 벗어나 성과배분을 원칙으로 하는 성과인사에 동조한다.					
	9. 나는 조직이 경쟁력강화 차원에서 연구개발, 디자인 및 마케팅 투자 강화 등으로 연구개발, 마케팅의 강화경영에 호감을 갖는다.					
	10. 나는 현재 급변하는 환경에서 기업들이 신흥시장에 대한 공격적인 해외 진출을 시도하는 글로벌 현지 생산확대에 호감을 갖는다.					

자기 가치 개발 진단	11. 나는 요즈음 신세대와 호흡을 같이한다.					
	12. 나는 건강과 가정생활을 우선으로 생각한다.					
	13. 어학과 전공공부는 필수이고 아이디어를 끊임없이 얻는다					
	14. 조직의 허리인 관리자 위 조직관리능력이 가장 중요하다고 생각한다.					
	15. 앞으로 갈수록 평생직장이 사라지는 사회흐름에 대비한다.					
합계 ( )점						

4-6. Diamond 개발 평가

1. 신입직원 Diamond 관계개발 평가

신입직원이 멘토링을 통해 조직에 조기 정착하는 데 가장 우선되는 것이 다이아몬드 관계개발 프로그램이다. 4단계로 거래, 우정, 인격, 사명의 단계에서 먼저 현재의 내 위치는 어디인가를 점검하고, 가정관계 직장에서 관계를 단계별로 5점 만점으로 평가한다.

Step	Test Tool	Test
Step 1. 거래단계	1. 근로계약서 내용을 잘 알고 있는가?	/5
	2. 나의 보수 및 복리후생을 잘 알고 있는가?	/5
Step 2. 우정단계	3. 직원들과 상급자와 소통이 잘 되고 있는가?	/5
	4. 타 부서 직원들과 업무 협조가 잘 되고 있는가?	/5
Step 3. 인격단계	5. 사내 인간적으로 존경 인물은 몇 사람인가?	몇 명:
	6. 내 진정한 멘토 한 사람을 꼽는다면 누군가?	이름:
Step 4. 사명단계	7. 현재 직장에서 정년퇴직하고 싶은가?	/5
	8. 내 인생을 걸 만한 성인이나 현존 인물은 누군가?	이름:
질문 1. 가족과 관계 2. 직장과 관계	9. 우리 부부간은 몇 단계인가?(기혼자)	단계:
	10. 우리 자녀와는 몇 단계인가?(기혼자)	단계:
	11. 우리 부모와는 몇 단계인가?	단계:
	12. 나와 직장관계는 몇 단계인가?	단계:
	13. 나와 직속상사(한 사람)는 몇 단계인가?	단계:
	14. 나와 CEO는 몇 단계인가?	단계:
	15. 우리 팀(또는 과 등)원을 우리 직장과의 관계(충성도)를 감안하여 아래 4단계별로 이름을 배분하여 기록하라.	
	1) 거래단계: 2) 우정단계: 3) 인격단계: 4) 사명단계:	

2. 일반직원 Diamond 경력개발 평가

일반직원을 대상으로 멘토링 경력개발에 관한 멘토링 활동을 마치고 최종 평가자료로 활용하는 설문도구다. 멘토와 멘제 각 개인별로 작성한 후 토론하고 피드백 자료로 제출한다. 아래 4단계별 항목마다 5점 만점(5-4-3-2-1)으로 평가하라.

- 작성대상: 멘토/멘제 각 개인별로 작성
- 작성시기: 멘토링 활동 종료시점

Step	Test Tool	Test
Step 1. 의존단계 Dependence	1. 경력개발 준비를 위한 단순한 업무를 다룬다. 1) 멘토링은 나의 비전과 가치관 강화에 도움 여부 2) 멘토링은 지식 이전을 통한 경쟁력 강화에 도움 여부 3) 멘토링이 나의 경력이 혁신적이고 창의적인 발전 여부	
Step 2. 독립단계 Independence	2. 경력개발에 본격적으로 독립성과 창의성을 발휘한다. 1) 멘토링은 나의 경력과 자질 개발에 유익함 여부 2) 멘토와 멘제 간의 경력에 대한 상호보완의 가능 여부 3) 멘토링은 나의 경력관리에 매우 유익한지의 여부	
Step 3. 협력단계 Collaboration	3. 진행 중 의사결정이 팀원 중심으로 이루어진다. 1) 멘토링은 잠재적 경력의 활용도가 높음 여부 2) 멘토링은 나의 경력개발에 도움 여부 3) 멘토링은 업무와 관련된 창의적인 생각에 도움되는지 여부	
Step 4. 자립단계 Influence	4. 경력개발의 성과 도출에 책임감과 의무감을 느낀다. 1) 멘토링은 잠재적 경력의 활용도가 높음 여부 2) 멘토링은 나의 경력 개발에 도움되는지 여부 3) 멘토링은 업무와 관련된 창의적인 생각에 도움되는지 여부	
경력만족감 Test	5. 경력개발의 성과도출여부에 관한 테스트를 한다. 1) 경력목표와 일치되는 방향으로 진행된 경력에 만족하는가? 2) 승진목표를 충족시키는 방향으로 진행된 경력에 만족하는가? 3) 기술, 업무목표를 충족방향으로 진행된 경력에 만족하는가? 4) 나의 직장경력을 돌이켜볼 때 지금까지의 성과에 대해 만족하는가?	
합계		

결론 의견서: 나의 경력개발 구체적 사례:
1) 자격증 소지현황
2) 경쟁력 경력업무

3. 팀장 Diamond 성과개발 평가

관리팀장의 역량은 프로젝트에 참여하는 팀원을 리드하여 계획한 대로 성과를 거두는 일이다. 이중에 가장 중요한 것이 팀장의 지시와 지원의 균형 있는 리더십으로 팀원들이 자율성을 발휘하여 성공적으로 마치는 일이다. 아래 4단계별 항목마다 5점 만점(5-4-3-2-1)으로 평가하라.

Step	Test Tool	Test
Step 1. Plan 계획단계	1. 팀장이 핵이 되어 프로젝트 계획이 수립되었는가?	
	2. 그 프로젝트 계획안이 팀원에 공유되었는가?	
Step 2. Start 개시단계	1. 팀원 스스로 평가, 판단하는 독립성이 보장됐는가?	
	2. 팀원 스스로 평가, 판단하는 독립성이 보장됐는가?	
Step 3. Growth 성장단계	1. 진행 중 의사결정이 팀원 중심으로 이루어졌는가?	
	2. 팀장과 팀원 간에 활발한 피드백이 호환되었는가?	
Step 4. Master 성숙(완료)단계	1. 프로젝트가 성숙(완료)되면서 장래 대안을 세우는가?	
	2. 참여 팀원 중에서 다음 팀장으로 역할이 주어지는가?	
합계		

결론의견서: 팀장의 지시사항과 멘토 입장에서 지원사항을 기술한다.
1) 지시사항:
2) 지원사항:

4. CEO임원 Diamond 조직개발 평가

CEO임원의 조직개발 핵심역량은 조직의 경영에 참여하는 핵심인재에게 필수불가결한 것이다. 특별히 체계적이고 효율적인 경영전략에서 조직개발을 위한 책임감, 목표의식으로 멘토링 활동을 마치고 그 성과를 우리 조직의 현재 상태를 참작하여 아래 조직발전 4단계별 항목마다 5점 만점(5-4-3-2-1)으로 평가하라.

Step	Test Tool	Test
Step 1. 잠재조직단계	1. 관료적이며 톱 다운식의 수직적인 조직이다.	
	2. 고객관리에 있어 차별이 없고 동일하게 관리된다.	
Step 2. 성장조직단계	1. 품질관리를 우선하고 상품으로 성장하고 있다.	
	2. 부하직원을 관리 통제하고 조직은 매트릭스 관리이다.	
Step 3. 정체조직단계	1. 시장경합으로 변화 대응에 자율형 인재가 필요하다.	
	2. 조직은 플랫화되어 내부보다 외부고객 만족에 힘쓴다.	
Step 4. 월드조직단계	1. 고객가치화 부여로 글로벌 조직으로 자리 잡고 있다.	
	2. 고객만족과 고객이탈의 제로로 경쟁력 강화조직이다.	
합계		

결론 의견서: CEO임원 입장에서 기술한다
1) 우리 조직 핵심업무:
2) 우리 조직 핵심인재 5명:
3) 우리 조직 고객 이탈률:

직장 멘토링 다이아몬드 인재개발법

초판인쇄 | 2012년 8월 10일
초판발행 | 2012년 8월 10일

지 은 이 | 류재석
펴 낸 이 | 채종준
펴 낸 곳 | 한국학술정보㈜
주   소 | 경기도 파주시 문발동 파주출판문화정보산업단지 513-5
전   화 | 031) 908-3181(대표)
팩   스 | 031) 908-3189
홈페이지 | http://ebook.kstudy.com
E-mail | 출판사업부 publish@kstudy.com
등   록 | 제일산-115호(2000. 6. 19)

ISBN   978-89-268-3585-2 03320 (Paper Book)
          978-89-268-3586-9 05320 (e-Book)

이담 Books 는 한국학술정보(주)의 지식실용서 브랜드입니다.